改訂新版

ホテルの英会話ハンドブック

伊集院 幸子 著
Koko Ijuin

SANSHUSHA

本書は『新版　ホテルの英会話ハンドブック』（三修社）を、時代に合わせて、
加筆修正したものです。

お使いになる前に

この本はホテル内の業務により「第１章　フロント・宿泊業務」「第２章　レストラン・バンケット業務」「第３章　コンシェルジュ業務」の３つのパートに分かれています。このほかに「お客様からのリクエストとホテル側の対応、緊急時の対応を加えました。各章では、それぞれの場面で基本となる会話例を掲げ、さらに覚えたい表現を紹介しました。

接客英会話とは、英会話の中でも品格のあるていねいなことばを使った会話です。目上の人や大事な方を接待するような場合にも、この種の英語が要求されます。ビジネスの中で英語を使うのでしたら、なるべく早い段階で、この本に紹介されている表現を一般の英会話との違いを認識し、基本的な接客英会話をマスターしていきましょう。

まだホテル業務についていらっしゃらない方がこの本で勉強されるのでしたら、ていねいな基本表現と会話の進め方に注意してみてください。一度、それぞれの会話例にすべて目を通して、会話の流れを把握しましょう。すると、接客会話にふさわしい、ある決まった表現が、たびたび出てくることに気づかれることでしょう。そこから接客の基本パターンをつかんでください。

また、それぞれの場面でのキーセンテンス、キーフレーズ（会話例の方に太字で示してあります。）を声に出して練習しましょう。最初は欲張らず、表現を少しずつ増やしていくつもりでスタートしてみてください。正しい文法にこだわるとスムーズに話すことが困難になります。重要な単語を強調して伝えることを意識しましょう。

すでにホテル業務に携わっている方は、必ず声に出して読んでいただきたいです。2度目からは、本から目を離して、和文を見ながら自分の表現として声に出してみてください。いつまでも文字を追っていると、自分の表現として出てきません。細かい文法にとらわれず、フレーズを身につけるよう心がけましょう。

お客様一人ひとりに合わせた対応ができるよう、その場で注意しなくてはいけないことを考えましょう。急いでいるお客様には、長い文章よりもフレーズと単語で的確に簡潔に。より詳しい案内が必要なお客様には、箇条書きで書いているように順を追って説明する。英語が母国語ではないお客様には、単語をクリアに、更に文章を長くせずに単文で区切るようにはっきりと伝える。このような臨機応変な話し方も、お客様の満足度を上げる接客のだいごみといえるでしょう。

この本をまとめるにあたり、オリジナル版の共著、茂木由美子氏、株式会社クリス・ローソン・ツアーズのクリス・ローソン氏、萩原慶子氏、大西ひとみ氏、前田麻樹氏に、Genji Kyotoホテルの総支配人山口真緒氏に、そして、編集部の皆さまに心から感謝申し上げます。

著者

無料音声ダウンロード・ストリーミング利用の方法

1. PC・スマートフォンで本書の音声ページにアクセスします。

https://www.sanshusha.co.jp/np/onsei/isbn/9784384061208/

2. シリアルコード「**06120**」を入力。

3. 音声ダウンロード・ストリーミングをご利用いただけます。

本文の会話例で使われる記号

H：ホテル担当者

G：宿泊のお客様

R：レストラン担当者

目　次

第2章
レストラン　RESTAURANT SERVICES　67

第3章
コンシェルジュ　CONCIERGE SERVICES　97

あいさつ

Friendly な応対に欠かせないのは、会話の始めや終わりに残すひとことです。何度も声に出して練習しましょう。

01

来館時

Welcome to...Hotel.

Are you checking in?

Enjoy your stay.

外出時

Have a nice day.

Have a good day.

Enjoy your day.

Have a nice evening.

帰館時

Did you have a nice day?

Did you have a good day?

Did you enjoy your day?

How was your day?

出発時

We hope you enjoyed your stay (with us).

Did you enjoy your stay?

Did you enjoy your trip?

We hope to see you again.

We hope to serve you again.

We look forward to seeing you again.

We look forward to serving you again.

接客英会話の原則

02

1） **Speak clearly.**

はっきりと話しましょう。

2） **Don't hesitate to speak.**

ためらわずに話しましょう。

3） **Listen carefully.**

落ちついて聞きましょう。

4） **Write down the messages.**

必要なときはメモを取りましょう。

接客英会話のマナー

03

海外では多くのホテルが、**Hospitality**（ホスピタリティー / おもてなし）ということばを使ってお客さまへのサービスに心がけています。**Hospitality** には単に居心地のよい部屋、おいしい食事、スタッフの丁重なことばづかいだけではなく、**Friendly**（フレンドリー）、つまり親しみをこめた温かい対応も含まれています。

しかし、いくら親しみのある会話を心がけるとはいえ、なれなれしく話したのでは接客英語としては感心しません。

英語にも、日本語の敬語に相当することばや話し方があります。

■あいさつや会話の中に、お客様のお名前を入れる

お客様のお名前を会話の中に入れて話してみましょう。

英語では、あいさつのあとには必ず相手の名前を呼びかけます。

Good morning, Mr. Smith.

How are you, Mr. Smith?

女性には **Ms.**（ミズ）や **Mrs.**（ミセス）をつける風習がありますが、これらの表現は時代と共になくなりつつある表現かもしれません。

そこで、日本には便利な敬称「さん」、または「様」ということばがあります。海外でも「さん」をつけて呼ぶことは知ら

れてきています。“**Smith-san**”とお名前に日本語の「さん」をつけてお声かけし、日本の慣習を感じていただきましょう。「様」という言葉まで知らないお客様が多いようですが、各ホテルで決めて、徹底してどちらかを利用するのも良いかもしれません。

Have a nice day, Smith-san!

How was your day, Smith-san?

Good night, Tom-san!

お客様によってはご自分のファーストネームで呼ぶように言われる方も多いです。その場合は、スタッフもご自分のファーストネームを教えて、自己紹介してください。

■ていねいな表現を身につける

お客様から、いただきたいものがあるとき

May I have（名詞）?

May I have your room key?

（お部屋の鍵をいただけますか）

May I have your name?

（お名前をいただけますか）

May I have your confirmation number?

（予約番号をいただけますか）

***please** をつけるとよりていねいになります。

自分が何かをしたいとき

May I（動詞）?

May I come in?

（入ってもよろしいでしょうか）

May I take your coat?

（コートをお取りしましょうか）

自分がしたいことに関しては、まず“**May I**”といい、そのあとに自分のしたい動作を表す動詞をつけます。

自分がお客様にしてあげることを提案するとき

Shall I（動詞）?

Shall I send someone to your room?

（お部屋に係の者をうかがわせましょうか）

Shall I bring some ice and water?

（氷とお水をお持ちいたしましょうか）

お客様にしていただきたいことがあるとき

Could you（動詞）?

Could you write your name here?

（こちらにお名前を記入していただけますか）

Could you wait in your room?

（お部屋の中でお待ちいただけますか）

お客様に、何かほしいかどうかうかがうとき

Would you like（名詞）?

Would you like a drink?

（お飲み物はいかがですか）

Would you like some toast?

（トーストはいかがですか）

（お客様にご意向をうかがうとき）

Would you like to（不定詞）?

Would you like to order dinner now?

（ディナーのオーダーを今なさいますか）

Would you like to walk around the city?

（街をお散歩なさいますか）

笑顔

お客様のおっしゃったことが理解できないときに照れ笑いするのは、英話圏の方には不自然な動作です。理解できずに困っているという意志表示をしっかりしましょう。

お客様に笑顔でお声をかけるときも、話を聞く間じゅうスマイルしていると、相手を見下しているように思われます。会話の始めと終わりに、短めのスマイルを印象よく残してみるようにしてはいかがでしょうか。

第1章

フロント

FRONT DESK SERVICES

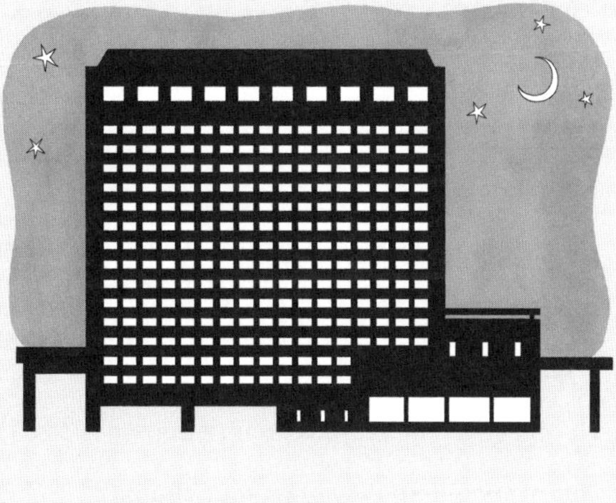

1 チェックイン

お客様としても、チェックイン前は何かと不安を感じられているかもしれません。カウンター内のスタッフ同士が、日本語でペラペラと話していると、日本語のわからないお客様はより不安になったり、気分を害することになりかねません。

スタッフ同士の会話をする前には、お客様に“Excuse me.”のひとことを、忘れずにいいましょう。

04

H Good evening. May I help you?

G Yes, I'd like to check in, please.

H Do you have a reservation with us?

G Yes, I do.

H **May I have your name, please?**

G Rhine. Peter Rhine.

H **Could you fill out the form(1), please, Mr. Rhine?**

G Alright.

H Thank you very much.

Here's your key.(2) Your room number is 1201.

Our staff will show you to your room.(3)

Enjoy your stay, Mr. Rhine.

G Thank you.

H Our pleasure.(4)

NOTES

(1) [英] fill in the form でも良い。

(2) Here は、物を渡すときに添えることば。
“Here you are.” ともいう。

(3) セルフの場合は、“The elevator is over there.”「エレベーターはあちらです」という。

(4) “Thank you.” に返すことば。“You're welcome.” と同じ意味。たいへん聞こえのいい、品のあるいい方。

H いらっしゃいませ。

G チェックインしたいのですが。

H ご予約はされていらっしゃいますか。

G はい。予約してあります。

H **お名前をいただけますでしょうか。**

G ラインです。ピーター・ライン。

H **それではライン様、こちらにご記入いただけますか。**

G はい。

H ありがとうございます。
お客様のお部屋は 1201 号室で、こちらが鍵でございます。
係の者が、お部屋までご案内いたします。
ごゆっくりお過ごしくださいませ。

G どうもありがとう。

H どういたしまして。

覚えておきたいその他の表現

05

- パスポートのコピーをとらせていただけますか。

  May I make a copy of your passport?

- どのようなお部屋がよろしいでしょうか。

  Which type of room would you like?

海が見える部屋	**a room with an ocean view**
バスつきの部屋	**a room with a bath**
エキストラベッドつき	**a room with a rollaway**
	an extra bed

- ご予約は、シングルルームを2泊でございますね。

  Your reservation is for a single room for two nights. Is that correct?

- お支払いは、どのようになさいますか。

  How would you like to settle your payment?

- クレジットカードをお借りできますか。

  May I have your credit card?

- 現金でお支払いの場合は、お預かり金をちょうだいさせていただきます。

  Could you make a deposit if the payment will be settled in cash? (if you are paying in cash?)

- お預かり金として、2万円を申し受けます。

  Could you make a deposit of twenty thousand yen?

- お預かり金として、一泊分を頂きます。

  Could you make a deposit for the first night?

- 貴重品は、フロントにてセフティーボックスをご利用ください。

  A safety deposit box for cash or valuables is available at the Front Desk.

コラム❶
部屋番号の伝え方

06

＊一ケタずつ読みます。

Rm 2005　Room two-zero-zero-five

＊下一ケタより二ケタずつ区切ります。

Rm 515　Room five-fifteen

Rm 1521　Room fifteen-twenty-one

Rm 1204　Room twelve-oh-four

＊0　zeroでも、oh［オウ］でもかまいません。

＊4　fourのfを強めに発音しないと、ohと、間違えられるので気をつけましょう。

＊13・14・15……19は、“teen”の部分に意識的に強くアクセントを置いて発音しましょう。

＊30・40・50……90は、第一音節にアクセントを強く、語尾は、意識的に短めにします。

＊13-30, 14-40……等は、それぞれ誤解が生じないよう、一ケタずつ言い直す方法もあります。

13　thirteen, one-three

30　thirty, three-zero

本館　the main building

別館　the annex building

新館　the new building

はなれ　the detached house

2 チェックアウト

お客様から請求書の明細について説明を求められることがあります。明細項目や金額の言い方にも慣れておきましょう。(「コラム❷　金額の伝え方」参照)

07

G I'd like to check out now.

H Certainly. May I have your room key, please?

G Here you are.

H Thank you. One moment, please.

...

Thank you for waiting.(1)

Would you check the breakdown of your bill?

G It looks okay.

H The total is 35,000 yen.

How would you like to make your payment?

G By credit card. Here you are.

H Please insert your card here?(2)

Thank you very much.

We hope you enjoyed your stay.

G We did very much. Thank you.

H Thank you for staying with us.

Safe trip, Mr. Bond.

NOTES

(1) お待たせしている時は、"I'm sorry to keep you waiting." という。

(2) 暗証番号が必要な場合は、"Press your 4-digit PIN number and press Enter key." タッチ決済の場合は、"Tap your card." という。

G チェックアウトをお願いします。

H かしこまりました。お部屋の鍵をいただけますか。

G はい。(手渡す)

H ありがとうございます。少々お待ちくださいませ。

……

お待たせいたしました。

お会計の明細をご確認いただけますか。

G 全部あっています。

H 合計 35,000 円でございます。

お支払いはどのようになさいますか。

G クレジットカードで。はい、カードです。

H こちらにカードを差し込んでください。

ありがとうございます。

ご滞在はいかがでしたか。

G とても楽しかったです。ありがとう。

H ありがとうございました。

お気をつけて、ボンド様。

覚えておきたいその他の表現　08

- ミニバーはご利用なさいましたでしょうか。
  Did you use the mini-bar in your room?
- 朝食はレストランでお召し上がりになりましたか。
  Did you have breakfast at the restaurant?
- 請求書をご用意させていただきます。
  I'll draw up your bill.
- 領収書は必要ですか。
  Would you like a receipt?
- お預かり金の 3 万円をお差し引きいたしまして、ご請求額は 5,000 円でございます。
  We have deducted your deposit of 30,000 yen. So, the balance comes to 5,000 yen.
- レイト・チェックアウトは宿泊料一泊分の 50 パーセントを加算させていただきます。
  An additional charge of 50 percent of the daily room rate will be added for late checkout.
- スタッフがお荷物のお引き取りにうかがいます。
  Our staff will pick up your baggage at your room.
- ベルデスクにてお荷物をお預かりいたします。
  We'll keep your bags at the Bell Desk.
- 申し訳ございません。ポーターサービスはいたしておりませんので、ロビーにございますカートをお使いいただけますか。
  We're afraid we have no baggage collection service. Please use a cart available in the lobby.
- 空港へご出発なさるまでお荷物をお預かりいたしましょうか。
  Shall we keep your baggage until you leave for the airport?

● お預かり証をスタッフにお見せください。

Please show your claim tag to our staff.

お客様より請求書に関するクレーム

● こんなはずないですよ。

This can't be right.

● 電話はかけていません。

I never made any phone calls.

● 飲み物は、間違えて冷蔵庫から出してしまっただけなんです。

The drinks were taken out of the refrigerator by mistake.

We accidentally pulled it out.

ホテル側の答え

● お調べいたします。

We'll check it for you.

● 請求書に間違いはないようでございますが。

We are afraid there's no mistake on the bill.

● 申し訳ございません。こちらの手違いでございました。

We are terribly sorry. That's our mistake.

● 請求書の修正をいたしました。

We have revised the bill.

● この金額を差し引きました。

We have deleted this amount.

コラム❷
金額の伝え方

09

100 万の位までを million,
1,000 の位までを thousand,
100 以下は、そのままで
少数点以下は、一つずつ数字をいいます。

123,345,678.91
one hundred twenty-three million,
three hundred forty-five thousand,
six hundred seventy-eight,
point nine one

and を入れる場合は次のようにいいます。

¥678	six hundred and seventy-eight yen
¥201	two hundred and one yen
¥1,200	one thousand two hundred yen
	twelve hundred yen
¥130,000	a hundred thirty thousand yen
	one hundred thirty thousand yen

コラム❸
宅配便の手配

10

お荷物は全部でいくつ送りますか。

How many pieces of luggage would you like to send?

送り先の住所をください。

Please give us the address you want to send to.

そのホテルには、いつチェックインされますか。

When are you checking in to that hotel?

そのホテルには、どなたのお名前で予約されていますか。

Under what name did you book that hotel?

宅配代金は、お部屋付けにしてよろしいですか。

Can we charge the delivery cost to your room?

この用紙をお持ちください。こちらの番号がお荷物の追跡番号です。

Please make sure to keep this slip. This is the tracking number.

午後２時までにお荷物をフロントにお持ちいただければ、京都には翌日に到着します。

If you would bring your luggage to the Front Desk by 2 pm, your luggage will arrive in Kyoto on the following day.

3 お部屋への案内と説明

説明に関しての決まり文句は、暗記していると確かにスムーズに話せます。気をつけたいのは、慣れてくると早口になってしまい、かえって聞きとりにくくなることです。お客様が一度で聞きとれるように、ゆっくり、はっきり話すことを心がけましょう。

11

H Are these all your bags, Mr. Baker?

G Yes, but I'll carry this one.

H **Let me show you to your room.**

This way to the elevator, please.

...(in the room)

H The emergency stairs are located at both ends of the hallway.

G Alright.

H Where shall I put your bags?

G Just here, thanks.

H Is there anything else I can do?

G No, thank you.

H Enjoy your stay, Mr. Baker.

H ベーカー様、お荷物はこちらですべてでしょうか。

G そうです。これは、自分で持ちます。

H **お部屋までご案内いたします。**

エレベーターは、こちらでございます。

……（客室にて）

H 非常階段は、廊下の両はしのつきあたりにございます。

G わかりました。

H お荷物は、どちらに置かれますか。

G この辺でいいです。

H ほかに何かご用はございませんか。

G 結構です。

H では、ごゆっくりお過ごしくださいませ。

覚えておきたいその他の表現　12

(エレベーター内にて)

- 上へまいります。/ 下へまいります。

  Going up. / Going down.

- 7階でございます。

  We're on the 7th floor.

- お先にどうぞ。

  After you.

(廊下にて)

- お部屋は右の方でございます。

  The room is to the right.

- 非常口は廊下のつきあたりにございます。

  The emergency exit is at the end of the hallway.

(ドア前にて)

- 鍵は、差し込んで右（時計回り）にお回しください。

  Please insert the key and turn clockwise.

  （左に［米］**counterclockwise,**［英］**anticlockwise**）

- カードキーは、差し込んでからすぐ取り出し、緑のランプが点滅 / 点灯している間にドアを開けてください。

  Please insert the card key and remove it immediately. Open the door while the green light is flashing/on.

- カードキーを当てて、緑のランプがつきましたら開きます。

  Tap the key and it will open when a green light flashes.

- ドアは、オートロックになっております。

  The door locks automatically when you close it.

（室内にて）

- お荷物は、ラックの上に置いてよろしいでしょうか。

  May I leave your bags on the rack?

- コートは、クローゼットにおかけいたしましょうか。

  Shall I hang your coat in the closet?

- お飲み物は、冷蔵庫の中にございます。

  The drinks are in the refrigerator.

- チェックアウトの際には、ミニバーの伝票を会計までお持ちくださいませ。

  Please take the mini-bar check to the Cashier when you check out.

- ご用がございましたら、フロント7番をお呼びくださいませ。

  Please dial 7 for the Front Desk if you need any assistance.

- 館内のサービスは、案内書に書いてございます。

  Hotel services are indicated in the service directory.

（ポーターサービスがない場合）

- お荷物は、ご自分でお持ちいただけますでしょうか。

  Could you carry your baggage yourself to your room?

  Could you help yourself with your baggage to your room?

- ロビーにございますカートをお使いくださいませ。

  Please use the cart available at the lobby.

（テレビ画面でアプリを使用される場合）

- ログインしたアプリは、チェックアウトされると自動的に抹消されます。

  Your log-in details for the Apps are automatically deleted when you check-out.

4 客室間通話の説明

一般的に質問するとき、自分がやりたいことでも主語に“you”を使うことがあります。答えるときも、主語は“you”を使って答えられます。また、ホテルのスタッフとしてお答えしているときは、自身のことは、“I”よりも“we”を使うことで、スタッフを代表して話しているニュアンスが出ます。特に個人的に“自分が”と強調したいときは、もちろん“I”を主語にするとよいと思います。

13

G How do you call another room in the hotel?

H Oh, you would like to call another room?(1)
Please press 7 first and then the 4-digit room number.

G OK. And how do you make an outside call(2)?

H Would you like to make a domestic call?

G Yes, that's right. It's a local call.

H In that case, if the area code starts with 075, then please first press 9 and then the 7-digit-number only.
If it starts with another area code, then press 9 first and then the number starting with 0.

NOTES

(1) とっさに質問を受けたときは、内容確認のためにリピートするような形で言い直すとよい。

(2) 外線からの電話は external-call という。

G ほかの部屋に電話する方法を教えてください。

H ほかのお部屋に電話をするのですね。
まずは7番を押して、その後に4桁の部屋番号を押してください。

G わかりました。外線にはどうやってかけますか。

H 国内電話ですか？

G はい、そうです。市内電話です。

H その場合は、市外局番が 075 でしたら、9番を押してから、7桁の電話番号だけを押してください。
もし、市外局番が 075 以外でしたら、9番を押してから、0から始まる番号を押してください。

覚えておきたいその他の表現　14

- こちらが当館の Wi-Fi のパスワードです。
  Here is our Wi-Fi password.
- AbC5050: 大文字 A、小文字 B、大文字 C、数字の 5050
  Capital letter A, small letter b, capital letter C, number 5050.
- Wi-Fi は市内どこでもつながるわけではありません。
  Wi-if is not always available in the city.
- ある地域では Wi-Fi はつながりません。
  In some areas, Wi-fi is not available.

コラム❹
時間の伝え方　15

午前	in the morning
	AM
午後	in the afternoon
	in the evening（午後６時以降）
	PM
午前６時	six AM
	six o'clock in the morning
午前３時	three PM
	three o'clock in the afternoon
午後６時	six PM
	six o'clock in the evening
５時半	five-thirty
	half past five

10時15分	ten-fifteen
	a quarter past ten
8時55分	eight-fifty-five
	five to nine
	[米] five of nine

コラム❺
電話番号の伝え方

16

基本的な数字のいい方の注意点は（「コラム❶　部屋番号の伝え方」で紹介しましたので、もう一度それらに、気をつけながら、電話番号を正確に伝える方法を覚えましょう。

同じ数字が続く場合

855-9111　eight double five, nine triple one

＊double, triple は連続する数字の前にいいます。

900-1111　nine double oh, double-one, double-one

きりのいい数

7100　seventy-one hundred

1-800-444-5000　one, eight hundred, triple four, five thousand

市外局番	area code
電話番号	telephone number, phone number
自宅の番号	home number
会社の番号	office number
内線番号	extension number
昼間の連絡先	day time number

＊海外から日本に電話するときは国番号 (country code) が必要です。日本の国番号は81です。

5 観光案内

日本を訪れる外国人の多くは、「伝統的な日本の文化」にたいへん興味を持っていらっしゃいます。日本の行事、芸能、工芸、建築などについて英語で説明し、それらに触れることができる場所をご案内できるようにしておくとよいでしょう。

17

G Is there a sightseeing bus tour?

H Yes, would you like a one-day tour or a half-day tour?

G One day.

H How about going for(1) a day trip to Nikko?

G That sounds good.

Can I make a reservation for tomorrow?

H Certainly, for **how many people?**(2)

G Two, please. My name is Fan Mei Cheng.

H All right.

Please be at the Front Desk at 9 AM tomorrow.

G And can you arrange for a tour guide the day after tomorrow?

H Let me check the availability.

How long are you planning to hire a guide?

NOTES

(1) アイデアを提案するときに用いるフレーズ。“How about a day trip?” というと、多少親近感のある表現になる。

(2) “How many of you?” といういい方もある。
お客様の答えが「3人です」の場合は、“There are three of us.”

G 観光バスに乗りたいのですが。

H 一日コースと半日コースがございますが。

G 一日にしてください。

H 日帰りで日光にいらっしゃるのはいかがでしょうか。

G ああ、いいですね。
明日の予約を入れてくれますか。

H はい、承ります。**何名様でしょうか。**

G ふたりです。ファン・メイ・チェンと申します。

H かしこまりました。
明朝9時にフロントデスクにおいでくださいませ。

G それと、明後日ツアーガイドを予約してもらえますか。

H 空き状況を確認いたします。何時間くらいをご希望ですか。

覚えておきたいその他の表現

18

- パンフレットをお持ちいたします。

  Let me show you a brochure. [ブロウシャー]

- ウェブサイトのリンクをメールで送りますね。

  Let me send you the link by mail.

- バスツアーは数種類ございます。

  There are several kinds of bus tours.

お客様

- 団体ではなくひとりで回りたいのです。

  I'd rather be on my own.

  I'd like a private tour.

- ……にいらっしゃるのはいかがでしょうか。

  How about going to...?

- ……を見にいらっしゃるのはいかがでしょうか。

  How about going to see...?

- 歌舞伎のお席を手配いたしましょうか。

  Would you like us to arrange a ticket for the Kabuki?

  Shall we arrange a ticket for the Kabuki?

- 入場料は大人 800 円、12 歳未満のお子様 500 円でございます。

  The admission fee is 800 yen for adults and 500 yen for children under 12.

観光地

博物館	museum
資料館	historical museum
記念館	memorial hall, memorial museum
記念公園	memorial park
国立公園	national park
…城跡	the ruins of...castle
寺	temple
神社	shrine
動物園	zoo
水族館	aquarium
遊園地	amusement park
皇居	the Imperial Palace
都庁	the Tokyo Metropolitan Government Office
国技館	the National Sport Hall
離宮	Imperial Villa
元…家住宅	former...family residence

行事

花見	cherry-blossom viewing
祭り	a (religious) festival
紅葉	autumn-tinted mountain views（山の景色）
	foliage（紅葉した木々）

6 道案内

道案内は、わかりやすさが第一です。「まず」first、「それから」then/and then などを用いながら、すべて命令形にしてシンプルに説明しましょう。please をつける場合は最初に一度いえば十分です。

19

G Could you tell me the way to the nearest station?(1)

H Certainly, but **we have a shuttle bus service** every 10 minutes.

G It's alright. I'd like to walk.

H **First, go out** of the hotel **and walk to the right. And when you get to the main street, turn left and keep walking** for two blocks(2) until you see a JR station on your left.

G Alright, so go out to the right, and turn left and then keep going.

H Yes, that's right.

NOTES

(1) "Could you tell me how to get to the nearest station?"
"Could you tell me where the nearest station is?"

(2) 米国では、道案内に block を使って説明する習慣がある。

G 最寄りの駅までの行き方を教えてください。

H かしこまりました。**送迎バスが** 10 分おきに**出ておりますが。**

G いえ、結構です。歩いて行きます。

H **まず、**ホテルを出て**右にいらっしゃってください。**
大通りに出ましたら、左に曲がり、そのまままっすぐ
2ブロック**歩いていただきますと、**左側に JR の駅が見えます。

G ええと、出て右に行き、左に曲がり、まっすぐですね。

H さようでございます。

覚えておきたいその他の表現 20

- 徒歩で5分くらいです。

It'll take about 5 minutes on foot.

まっすぐ歩いてください。	Walk straight up.
右／左に歩いてください。	Walk to the right/left.
道路をはさんで…の反対側	across from the... opposite the...
…の前	in front of the...
道をはさんで真正面	right across the street
道をはさんで右ななめ前	across the street to the right

- 道を渡り、右に向かって歩いてください。

Cross the street, then walk to the right.

- 道を渡り、進行方向にまっすぐ歩いてください。

Cross the street, then keep walking straight.

- 2つ目の信号を左折してください。

Turn left at the second traffic light.

Turn left at the second signal.

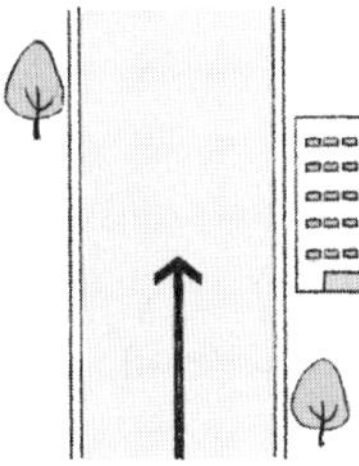

①この通りをまっすぐ行った右側
up this street on the right

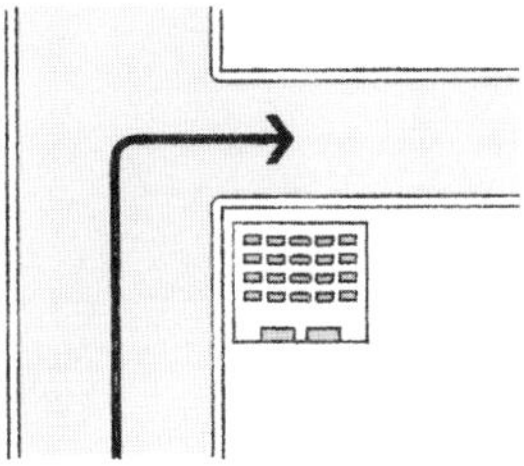

②角をまがって右側
around the corner on the right

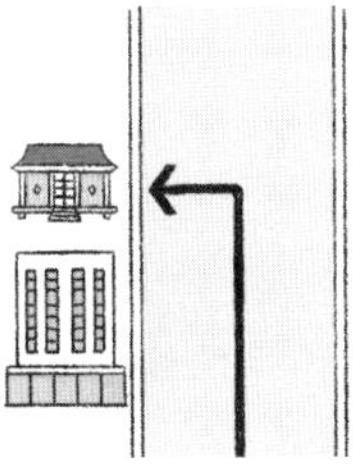

③…を過ぎたところ
just past...

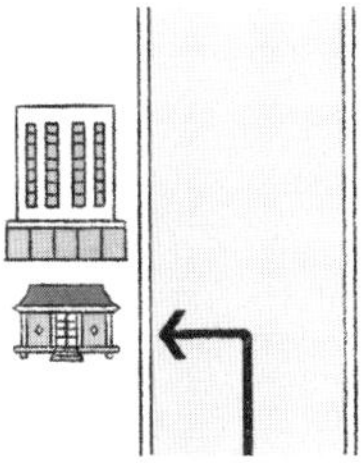

④…のすぐ手前
just before...

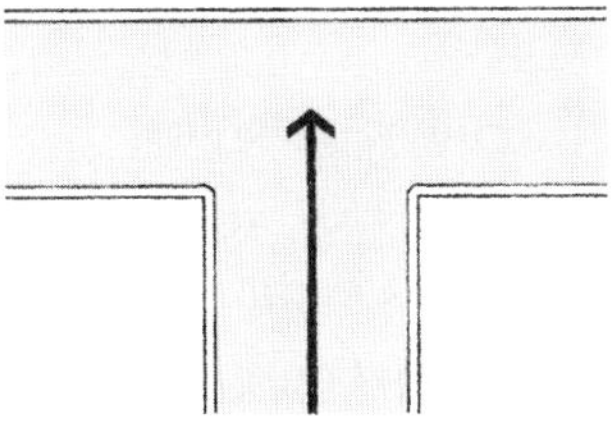

⑤通りのつきあたりまで行く
go up/down to the end of the street

交通に関する用語

交差点	a crossroads
T 字路	a T-junction
ロータリー	［米］a rotary
	［英］a roundabout
一方通行	one way
信号機	［米］a traffic signal
	［英］traffic lights
踏切	a railway crossing
横断歩道	a pedestrians' crossing
歩道	a sidewalk
	a pavement
歩道橋	a footbridge
陸橋	an overpass
高速道路	a highway
高速道路入口	a highway entrance
高速道路出口	a highway exit
ガソリンスタンド	［米］a gas station
	［英］a petrol station
動く歩道	a moving sidewalk
道路地図	a street map
改札口	ticket gate
券売機	ticket vending machine
1号車	car number 1
○○駅行（バスや電車）	bound for XX station
乗車時（下車時）に払う	pay as you get on/off
1日券	one-day pass

right に注意

道案内の会話では、しばしば、right という単語が、「右」という意味以外に使われます。

right across the street　道路の正反対
right in front of the station　駅の真正面
right next to the bank　銀行のすぐ隣り
right in the middle of the park　公園の真中

これらは、「ちょうど」という意味で使われています。

また、より英語らしく表現する方法として、「まっすぐ行く」を、ただ go straight というのではなく、

go straight up
go straight down

といういい方があります。

up/down は、坂の傾斜状況だけでなく、話し手のニュアンスで使い分けることがあります。

たとえば、町の中心に向かうとき、北の方角に行くとき、地形的に上がるイメージがある場合は up を使います。

中心からはずれるとき、南の方角に行くとき、地形的に下がるイメージがある場合は down を使います。

7 公共交通の便

海外からのお客様は、個人で公共の交通手段を使って、その町の人々の暮らしに触れてみたいと思われる方が多いようです。案内する際には、駅名、路線名などを書き出したり、鉄道のマーク、乗物の色、目的地までの駅の数など、言語を必要としないヒントになるものを教えてさしあげたりしましょう。

21

G Could you tell me how to get to Tokyo Disneyland from Shinjuku Station using public transportation?

H Certainly.
First, take the JR Chuo-Line to Tokyo Station. And then transfer to the Keiyo-Line to Maihama Station.
All the JR signs are written also in English, so please carefully follow them (the signs).

G Take Chuo-Line to Tokyo and Keiyo-Line to Maihama. How do you go from there?

H Disneyland is right in front of the station.

G Oh, good. Thank you.

H You're welcome.

G 新宿駅から電車でディズニーランドに行く方法を教えてください。

H かしこまりました。
まず JR 中央線で東京駅まで行き、そこで京葉線に乗り換えて舞浜駅まで行きます。
JR の表示はすべて英語でも書かれていますので、その表示に従っていらしてください。

G 中央線で東京駅、そして京葉線で舞浜駅ですね。
そこからは、どうしたらいいのですか。

H ディズニーランドは駅の正面にあります。

G それはいい。ありがとう。

H どういたしまして。

覚えておきたいその他の表現 22

- 電車に乗ってください。

  Please take the train.
- 運賃は、200 円です。

  The fare is 200 yen.
- バス運賃は、210 円です。

  The bus fare is 210 yen.
- IC カード／モバイル IC カードをご利用になると便利です。

  It will be convenient to use an IC card/a digital IC card/a mobile IC card.
- どの駅でも IC カードを購入できます。

  You can buy an IC card at any station.
- ワンデイパスのご利用が便利です。

  One-Day Pass may be convenient.
- タクシーですと、3,500 円ぐらいかかります。

  It'll cost you about 3,500 yen by taxi/cab.
- ラッシュアワーのため、渋滞が予想されます。

  There'll be heavy traffic due to rush hour.
- 電車で 20 分ぐらいかかります。

  It's about a 20-minute ride by train.

主な交通機関と関連する用語

都営バス	**a Toei bus**
市営バス	**a city bus**
停留所	**a bus stop**
運賃前払い	**pay at the time of getting on**
運賃後払い	**pay at the time of getting off**

路面電車	[米] a surface car
	a cable car
	[英] a street car
地下鉄	[米] a subway
	[英] an underground railway, a metro
鉄道	[米] railroad
	[英] railway
急行	an express
特急	a limited express
改札口	a ticket gate
自動券売機	a ticket vending machine
ホーム	a platform
…番線	the platform number...
新幹線	shinkansen
	a bullet train
窓口	ticket office
タクシー乗り場	a taxi rank
	a taxi stand
空車	a vacant taxi
賃走	an occupied taxi
回送	not in service

8 両替・郵便物

海外の通貨を正しく発音する必要があります。たとえば、ドル［ダラーズ］、ポンド［パウンズ］、ユーロ［ユウロウ］など日本語の発音と違うものに気をつけましょう。

また、ホテルで取り扱っている宅配サービスの内容を説明できるようにしておきましょう。

23

G: Could you exchange US dollars for yen?

H: Are you a hotel guest(1)?

G: Yes, my room number is 510.

H: **Thank you. How much would you like to change?**

G: What's the rate today?

H: **Today's rate for a US dollar is one hundred thirty-point one yen.**(2)

G: Then 500 dollars.

H: All right, may I see your passport, please?

G: Here.

H: Thank you.

NOTES

(1) [英] a staying guest

(2) “Today's yen-dollar exchange rate is...yen to a dollar.”

G 米ドルを円に両替してください。

H ご宿泊のお客様でいらっしゃいますか。

G はい、510 号室です。

H **かしこまりました。おいくら両替いたしましょうか。**

G 今日のレートはいくらですか。

H **本日のレートは、1 ドル 130.1 円でございます。**

G では、500 ドルお願いします。

H かしこまりました。パスポートを拝見させていただけますか。

G はい、どうぞ。

H ありがとうございます。

覚えておきたいその他の表現 24

（両替）

- あちらの両替機をご利用ください。

  Could you use the exchange machine over there.
- コンビニの ATM をご利用ください。

  Please use the ATM at the convenience store.
- 一番近い外国のカード用の ATM はあちらのコンビニの中にあります。

  The nearest ATM for foreign issued cards is in the convenience store over there.
- どのように両替したらよろしいでしょうか。（金種をたずねる）

  How would you like your bills?
- 1万円札が3枚と 1,000 円札が5枚でございます。

  Here are three 10,000 yen bills and five 1,000 yen bills.
- 合計金額を計算させていただきます。

  Let me calculate the total amount.
- 申し訳ございませんが、両替はお泊まりのお客様へのサービスとして行っております。

  I'm afraid the foreign exchange is a service for the hotel guests only.
- 海外の通貨は、米ドルのみ両替いたしております。

  I'm afraid we can only accept US dollars.
- 銀行は月曜日から金曜日の午前9時から午後3時まで営業しております。

  The bank is open from 9 AM to 3 PM, Monday through Friday.

郵便物

- フロントデスクでゴードン様の小包 / 郵便物をお預かりいたしております。

  We are keeping a parcel/mail for Ms. Gordon at the Front Desk.

- 国内でしたらはがきは 85 円、封書は 110 円でございます。（**2024** 年秋より）

  You'll need an 85-yen stamp for the postcard and 110 yen for the sealed envelope for domestic mail.

  一律 100 円　**a flat rate of 100 yen**

- 航空便でしょうか、船便でしょうか。

  Would you like to send it by air or sea/surface?

宅配便

- 国内でしたら宅配便のサービスがございます。

  Quick delivery service is available domestically.

  Luggage delivery service is available.

- 翌々日には先方に届きます。

  It will take two days to reach the destination.

- 送り状を記入の際にはお手伝いいたします。

  [英] **We will help you fill in the delivery invoice/way bill.**

  [米] **We will help you fill out the delivery invoice/way bill.**

- 海外宅配便はフロントデスクには承ります。

  International courier [クーリア] **service**（または **air freight** [フレイト] **service**）**will be accepted at the Front Desk.**

＊「コラム❸　宅配便の手配」参照。

9 宿泊予約の受付 ― 希望をきく ―

接客電話英会話の基本パターンです。電話では、どんな誤解が生じるかわかりません。

書き取った必要事項は、リピートして確認します。特に、日時、数字、つづりは、瞬時に復唱する習慣をつけましょう。

25

H Good afternoon. World Hotel Reservations. May I help you?

G I'd like to make a reservation for a room, please.

H Yes, **for which date would that be?**

G April 5th for two nights.

H Arriving on April 5th and leaving on the 7th.
How many are there in your party?

G Two.

H **What kind of room would you like?**

G A twin room, please.

H Certainly, let me check.
Hold the line, please.(1)

NOTES

(1) よりていねいな表現は、“Could you kindly hold on, please?”

H ワールドホテル予約課でございます。

G 宿泊の予約を入れたいのですが。

H かしこまりました。**何日のご予約でございますか。**

G 4月5日から2泊です。

H 4月5日ご到着で7日ご出発でございますね。

何名様でいらっしゃいますか。

G 2名です。

H **お部屋のタイプはいかがいたしましょうか。**

G ツインをお願いします。

H かしこまりました、お調べいたします。

そのままで少々お待ちくださいませ。

覚えておきたいその他の表現 26

- 申し訳ございませんが、現在のところ 5 日は満室でございます。

  We're terribly sorry but at the moment there are no rooms available on the 5th.
- 朝食込みにしますか？

  Would you like breakfast included?
- シングルのお部屋とツインのお部屋がございます。

  We can provide a room with one bed or two beds.

  （この際には，ベッドのサイズを提示してもよい）

  a room with one double bed（ダブルのお部屋）

  a room with two single beds（ツインのお部屋）
- 一泊 2 万円と 2 万 2,000 円のお部屋がございます。

  Rooms are available at twenty thousand yen or twenty-two thousand yen per night.
- 室料一泊 2 万円に 10％の消費税と宿泊税がかかります。

  The room rate is twenty thousand yen plus 10 percent consumption tax and accommodation tax.
- 10％のサービス料が含まれております。

  A ten percent service charge is included.
- 何日のご予約でございますか。

  For which date would you like to make a reservation?

コラム❻

日付の伝え方

27

月　Month

1月	January	5月	May	9月	September
2月	February	6月	June	10月	October
3月	March	7月	July	11月	November
4月	April	8月	August	12月	December

日にち　Date

1日	first	20日	twentieth	30日	thirtieth
2日	second	21日	twenty-first	31日	thirty-first
3日	third	22日	twenty-second		
5日	fifth	23日	twenty-third		
8日	eighth				

曜日　Day

月曜日	Monday	木曜日	Thursday	日曜日	Sunday
火曜日	Tuesday	金曜日	Friday		
水曜日	Wednesday	土曜日	Saturday		

＊なお、曜日は、日付けの前にいう
[米] Thursday, September 12th
[英] Thursday, the 12th of September

今日　today
昨日　yesterday　　一昨日　the day before yesterday
明日　tomorrow　　明後日　the day after tomorrow
今週　this week　　先週　last week　　来週　next week
2週間前　two weeks ago, [英] a fortnight ago
2週間後　in two weeks time, [英] in a fortnight
今月　this month　　来月　next month

10 宿泊予約の受付 ― 予約を受ける ―

予約の内容を確認したら、“confirmed（確かに承る）”と申し上げるとお客様は安心なさいます。電話予約はお客様とのファーストコンタクトです。会話の終わりには、よい印象を残すひとことを忘れないようにしましょう。

28

H Thank you for waiting.

The room is available.

May I have the name and the phone number to reach you?(1)

G My name is Mark Ling. L-I-N-G.

And my mobile number is 090-1234-5678.

H All right, Mr. Mark Ling. So that's 090-1234-5678.

Check-in on April 5th and out on the 7th, that is for two nights, a room with two single beds is confirmed.

G Thank you.

H We'll be looking forward to seeing you then.

Thank you for making a reservation with us.

Good-bye, Mr. Ling.(2)

NOTES

(1) 電話をかけている人が第三者であることも考えられるので、the name という方が無難。本人とわかっていれば、your name でよい。

(2) お客様に、たとえ "Bye!","Bye-Bye!" といわれても、それにつられずに、きちんと "Good-bye." などで締めくくること。

H お待たせいたしました。

お部屋は空きがございます。

お客様のお名前とご連絡先のお電話番号をいただけますか。

G 私の名前は、マーク・リンです。L・I・N・Gです。

携帯番号は、090-1234-5678。

H マーク・リン様、090-1234-5678 でございますね。

4月5日から7日までの2泊、ツインのお部屋を1室のご予約承りました。

G よろしくお願いします。

H それではリン様、お待ちいたしております。

ご予約ありがとうございました。

覚えておきたいその他の表現

29

- ペットのお持ち込みは、ご遠慮いただいております。

  We're afraid pets are not allowed in the hotel.

- ご到着は、何時ごろになりますでしょうか。

  What time do you plan to arrive?

  What time do you expect to check in?

- ご予約の確認をさせていただきます。

  Let me confirm your reservation.

予約を取り消す	**cancel the reservation**
予約を変更する	**change the reservation**
延泊する	**extend the stay**
到着が遅れる	**be late for check-in**

- ホームページの URL をお送りします。

  We'll send you the website link.

- お名前のつづりをいただけますか。

  Could you spell your name, please?

- 予約確認書をメールでお送りいたします。

  We'll send you a confirmation mail.

コラム❼

つづりの伝え方

30

つづりは一文字ずつ国名などに置き換えると、より正確に伝わります。
“A for America”, “A as in America” などと使います。

A	America	N	New York
B	British	O	Olympic
C	China	P	Paris
D	Denmark	Q	Queen
E	England	R	Rome
F	France	S	Spain
G	Germany	T	Tokyo
H	Hong Kong	U	Union
I	Italy	V	Victory
J	Japan	W	Washington
K	King	X	X-ray
L	London	Y	Yellow
M	Mexico	Z	Zebra

＊つづりをいただくときに、聞き間違えやすい文字です。

B と D　　M と N　　W と double
F と S　　P と T

11 OTA（オンライン・トラベル・エージェント）予約後の問い合わせ

OTA（自社以外の予約サイト）からの予約は、ホテルでは対応できないことがたくさんあります。お客様にそのサイトから変更、キャンセルをお願いしなくてはいけません。お詫びや感謝の言葉で良い印象を与えながら、ご理解いただけるようお願いしましょう。

31

G I made a reservation through the ABC online booking site. Can I reconfirm the booking?

H Yes, certainly. May I have your name and the dates you booked for?

G It is for Christopher Cheng. C-H-E-N-G. From October 23rd for 2 nights.

H Thank you very much. We have your booking for 2 double rooms from October 23rd to check-out on(1) October 25th, for total 4 persons.
May I ask your arrival time on the 23rd?

G We are expecting to arrive around 4 pm.

NOTES

(1) 間違いがないようにあえて「チェックアウトの日」と入れているが、はぶいても通じる。

G ABCのサイトから予約したのですが、予約確認をお願いします。

H はい、もちろんでございます。ご予約のお名前とお日にちをいただけますか。

G クリストファー・チェンと申します。C-H-E-N-Gです。10月23日から2泊です。

H ご予約ありがとうございます。確かに10月23日から25日チェックアウトで、ダブルルームを2部屋、計4名様のご予約を承っております。

23日のご到着時間をいただけますか?

G 午後4時頃に到着予定です。

覚えておきたいその他の表現　32

お客様　ＡＢＣのサイトから予約したのですが、日程の変更をしたいのですが。

I made a reservation through the ABC online booking site. I want to change the date of my stay.

ホテル側　当館へのご予約ありがとうございます。恐れ入りますが、日程変更に関しては、○○さんの予約サイトから変更していただけますでしょうか？

Thank you for booking with our hotel. We are sorry but could you change the date of your stay from their booking site?

お客様　６カ月の乳児用のベビーベッドを用意していただけますか？

I'd like to ask you if you can provide a crib (a baby bed) for my 6-month-old baby.

ホテル側　追加料金が1回のご滞在につき1万円となります。

It will be an additional 10,000 yen for your entire stay.

お客様　ＡＢＣポイントを利用したいのですが。

I want to use my the ABC points.

ホテル側　申し訳ございません。その場合は、ＡＢＣ予約サイトに、リクエストを出していただけますか？

In that case, could you make a request to the ABC booking site?

- ご連絡ありがとうございます。お客様のご到着をお待ち申し上げます。
  Thank you for calling. We look forward to your arrival.
- 当館をお選びいただき、ありがとうございます。
  Thank you for choosing our hotel.

第 2 章

レストラン

RESTAURANT SERVICES

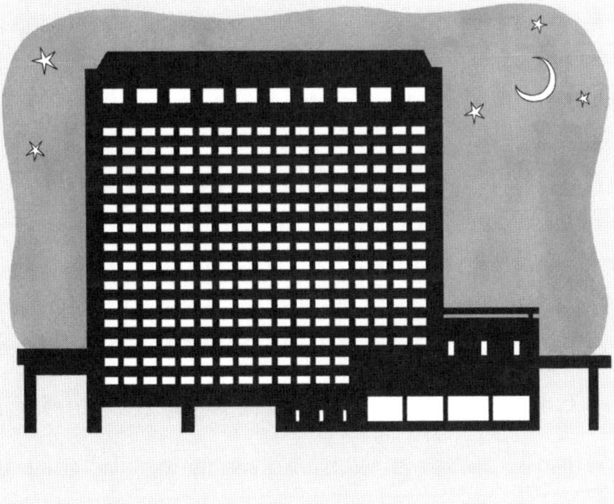

12 レストランの予約を受ける

レストランの予約を受け付けるときに、特に大切なのは、名前、人数、時間の確認です。必ずリピートして確認しましょう。会話の最後は、お客様がディナーを心待ちにされるような明るい声で締めくくりましょう。

33

R: Good afternoon, Sakura Restaurant. May I help you?

G: Can I make a reservation at seven tonight?(1)

R: **How many persons, please?**

G: Two (people), please.

R: **Would you like counter seats or table seats?**

G: A table by the window, if possible.

R: Certainly.(2)

May I have your name, please?

G: Kreisler. Room 1746.

R: Mr. Kreisler in room 1746, two persons at seven o'clock this evening, for a table by the window.

Thank you very much and we're looking forward to seeing you.

NOTES

(1) [英] book a table, make a booking

(2) お客様の依頼や質問に肯定的に答えるていねいな表現。
“OK.” や “Sure.” とはいわないこと。

R レストラン「さくら」でございます。

G 今晩7時に席を予約したいんですが。

R **何名様でいらっしゃいますか。**

G 2人です。

R **カウンター席とテーブル席がございますが。**

G テーブル席で。できれば窓側の席がいいんですが。

R かしこまりました。
お客様のお名前をいただけますか。

G 1746 号室のクライスラーです。

R 1746 号室のクライスラー様、2名様、窓側のテーブル席にて今晩7時のご予約を承ります。
ありがとうございます。お待ちいたしております。

覚えておきたいその他の表現

34

- 申し訳ございません。7時は満席でございます。
  We're sorry, we're fully booked at seven.
  We're afraid we don't have any table available at seven.
- 8時ならお席をご用意できます。
  We have a table at eight.
- コーヒーショップの営業時間は、午前6時から午後10時まででございます。
  The coffee shop is open from 6 AM till 10 PM.
- コーヒーショップでは、簡単なお食事ができます。
  Light snacks are available at the coffee shop.
- 夕食は、午後5時30分から11時まででございます。
  Dinner is served from 5:30 PM till 11 PM.
  We serve dinner from 5:30 PM to 11 PM.
- ラストオーダーは、10時30分でございます。
  Last order is at 10:30 PM. （レストランでの表現）
  Last call is at 10:30 PM. （バーでの表現）
- ラストオーダーでございます。ほかにご注文はございませんか。
  The kitchen is closing. Is there anything else you'd like to order?

＊「コラム❹　時間の伝え方」参照。

- 明日は休業させていただきます。
  We're afraid we're closed tomorrow.
- 午後2時より6時まで準備中とさせていただきます。
  We're closed from 2 PM until 6 PM for preparation.

喫煙室	the smoking booth
禁煙席	the non-smoking seat
窓側の席	the table by the window
角の席	the table on the corner
テラスの席	the table on the terrace
お座敷	the table in the "tatami" room
カウンター席	the seats at the counter
バイキング	the buffet, the smorgasbord
食べ放題	all you can eat
一品料理	a la carte dishes
コース料理	set menu, set dinner
5品のコース料理	a set menu with five courses

和食特有の素材

昨今、日本語で知られている単語がたくさんあります。説明を加えるとわかりやすいでしょう。

＊野菜など

わさび	wasabi, spicy green horseradish
あさつき	chive［チャイヴ］
エノキダケ	long mushroom, enoki mushroom
銀杏	ginkgo nut［ギンコーナットゥ］
昆布	kelp, a type of seaweed
しそ	a type of herb［アーブ］, shiso herb
みょうが	a type of ginger, an herb used for summer dishes
シメジ	shimeji mushroom
春菊	chrysanthemum leaves, spring seasonal vegetable
フキノトウ	wild butterbur (shoot)

みつば	Japanese parsley, seasoning herb
ゆず	yuzu citrus
タケノコ	bamboo shoot
ごぼう	burdock
カブ	turnip
大根おろし	grated daikon radish

・魚介類など

タイ	sea bream
ヒラメ・カレイ	flounder, flatfish（同種扱い）
アジ	horse mackerel
ハマチ	yellow tail
うなぎ	eel
穴子	conger eel
アユ	sweet fish, a kind of freshwater fish
シラス	young sardine, baby sardine
イクラ	salmon roe
タラコ	cod roe
明太子	spicy cod roe
数の子	herring roe
エビ	shrimp（小さめ）, prawn（大きめ）
カニ	crab
イカ	squid
タコ	octopus
ウニ	sea urchin
赤貝	ark clam, a type of red clam
はまぐり	clam
アワビ	abalone
しじみ	freshwater clam

13 席に案内する

レストランの入口では笑顔でお客様をお迎えします。お客様の目を見てこちらから声をかけましょう。

予約のないお客様には、ここで人数やご希望などをうかがわなければなりません。聞き方はレストランの予約の場合と同じです。(「12　レストランの予約を受ける」参照)

35

R Good evening. May I help you?

G My name is Kreisler. I have a reservation at seven.

R Certainly, Mr. Kreisler.

May I take your coats?(1)

G Yes, please.

R This way, please.(2)

Is this table all right?

G Fine. Beautiful city lights!

R Here's the menu.

Would you like something to drink to start with?

G We'd like some sake, please.

R Thank you very much.

Enjoy your dinner.

NOTES

(1) "Shall I keep your coats?"

(2) 手や身体で方向を示しながらいう。
"Would you come this way, please?" は、よりていねいな表現。

R いらっしゃいませ。

G クライスラーです。 7時に予約をしているんですが。

R お待ちいたしておりました、クライスラー様。

コートをお預かりいたしましょうか。

G お願いします。

R **こちらへどうぞ。**

こちらのお席でよろしゅうございますか。

G はい。ああ、夜景がきれいですね。

R こちらがメニューでございます。

お食事の前に何かお飲み物をお召し上がりになりますか。

G 日本酒をください。

R かしこまりました。

どうぞ、ごゆっくり。

覚えておきたいその他の表現　36

- ご予約をいただいておりますでしょうか。
  Do you have a reservation with us?
- お席にご案内いたします。
  I'll show you to your table.
- こちらのお席でございます。
  Here's your table.
- おそれいります、こちらは予約席でございます。
  I'm afraid this table is reserved.
- おそれいりますが、ただいま満席でございます。
  I'm afraid we have no open tables at this moment.
- 10分ほどお待ちいただけますでしょうか。
  Would you wait for about ten minutes?
- 5分ほどお待ちいただければ、お席のご用意ができます。
  The table will be available in about five minutes.
  Would you mind waiting?
- すぐに6名様のお席をご用意いたします。
  We'll set the table for six immediately.
- コース料理のみご提供しております。
  We only have set menu.
- お子様用のいすをご用意いたしましょうか。
  Shall I bring a high chair for your baby?

- ご注文はおうかがいいたしましたでしょうか。
  Have you been waited on?
- お飲み物は何にいたしましょうか。
  What would you like to drink?
- こちらの料理には辛口の赤ワインがよろしいかと思います。
  A dry red wine would be good for this dish.

- こちらが（本日の）「料理長のおすすめ」でございます。

  This is the “Chef's recommendation” (for today).

- てんぷら定食には、さしみ、野菜の炊き合わせ、ごはん、すまし汁、香の物がつきます。

  Tempura Teishoku comes with some sashimi, cooked vegetables, a bowl of rice, clear soup and some Japanese pickles.

14 オーダーテイク ― 和食 ―

和食の中でも海外でなじみのない料理は、どのようなものか聞かれることがあるでしょう。日本料理の材料、調理法、味つけなどを簡単に説明できるようにしておきましょう。

37

R **Are you ready to order now?**(1)

G1 Well, I'd like the "Tempura Teishoku" dinner.

G2 What is this "Unaju" made of?

R It's grilled eel marinated in sweet soy sauce served on rice.(2) It is one of our specialities.(3)

G2 Sounds good. I'll try it.

R Certainly. **Would you like anything else?**(4)

G1 Do you have any recommendation?

R How about dashi-maki rolled egg?

It is like a soft omelette cooked with dashi.

G1 We'll try that, too.

NOTES

(1) "May I take your order now?"

(2) 丼物は、すべて served on rice で表すことができる。
served with rice は、ご飯が添えてあるもの。

(3) one of our signature dishes とも。

(4) "Would you care for some fruit/a drink?" もプロならではの言い回し。

R **ご注文はお決まりでしょうか。**

G1 そうですね。私はてんぷら定食をお願いします。

G2 この「うな重」というのは何ですか。

R ごはんの上にうなぎの蒲焼をのせたものでございます。
当店の自慢料理の一つでございます。

G2 おいしそうね。それにしてみます。

R かしこまりました。**ほかに何かご注文されますか。**

G1 おすすめはありますか。

R 出汁巻き卵は、いかがでしょうか。
出汁が入ったオムレツのような料理です。

G1 ではそれもお願いします。

覚えておきたいその他の表現 38

和食のメニューと簡単な説明

　和食は外国でも日本語がそのまま使われていますので、説明として利用ください。

　いくつか選んで説明すると良いでしょう。

天ぷら	**thinly battered seafood and vegetables deep-fried**
さしみ	**thinly sliced raw seafood**
すし	**thinly sliced raw seafood on vinegared rice**
すき焼き	**thinly sliced beef cooked in a pan with vegetables and tofu, seasoned with sweetened soy sauce**
しゃぶしゃぶ	**very thinly sliced beef, vegetables and tofu cooked at your table in a boiling hot broth, and enjoyed with sesame sauce or vinegared soy sauce**
焼き鳥	**charcoal-grilled chicken and vegetables served on a skewer**
串揚げ	**deep-fried meat, seafood and vegetables on a skewer**
かけそば（うどん）	**soba buckwheat noodles (udon flour noodles) served in a hot dashi broth**
ざるそば	**cold soba noodles served with a cold dashi sauce on the side**

ラーメン	Chinese style noodles served in a broth made of pork, chicken and/or vegetables
お好み焼	vegetables, seafood and meat mixed with flour and eggs, then pan-fried in a pancake shape, topped with a special sauce
焼き魚	grilled fish
煮物	simmered vegetables
懐石料理	A traditional style of a formal meal. Some eight or more dishes are served. It includes thing raw, grilled, simmered and deep fried. A rice or a noodle dish is served at the end.

15 オーダーテイク — 洋食 —

洋食のオーダーテイクではステーキの焼き加減、サラダのドレッシングなどお客様の好みをうかがう機会が多くあります。

２つ以上のものから選んでいただくときには、各単語の語尾を上げて最後の単語の語尾だけイントネーションを下げます。

39

G1 We'll take the steak dinner course.

R **How would you like your steak?**(1)

G1 Medium rare, please.(2)

G2 Uh...well-done for me, please.

R Certainly. **What kind of dressing would you like on your salad?**

G1 What do you have?

R We have French, oil and vinegar, thousand island and a house dressing.

G1 Oil and vinegar, please.

G2 I'd like French.

NOTES

(1) "How would you like...?"

「どんな風に」「どの程度に」のたずね方。

(2) ステーキの焼き方。

well-done [ウェルダン], medium well [ミーディアムウェル], medium [ミーディアム], medium rare [ミーディアムレア], rare [レア]

G1 ステーキディナーにします。

R **ステーキの焼き加減はいかがいたしましょうか。**

G1 ミディアムレアで。

G2 わたしは、よく焼いてください。

R かしこまりました。**サラダのドレッシングは何になさいますか。**

G1 何がありますか。

R フレンチ・ドレッシング、オイル・アンド・ビネガー、サウザンド・アイランド、それに自家製ドレッシングがございます。

G1 オイル・アンド・ビネガーをお願いします。

G2 フレンチにします。

覚えておきたいその他の表現 40

- ディナーコースには、スープかサラダがつきます。

The course dinner has a choice of soup or salad.

- どちらがよろしいでしょうか。

Which would you prefer?

Which would you like?

- お飲み物は、お食事とご一緒にお持ちいたしますか。あとになさいますか。

Would you like your drink with your meal or after your meal?

- コーヒーのおかわりはいかがでしょうか。

Would you care for some more coffee?

- 紅茶にはミルクかレモンをおつけいたしますか。

Would you like your tea with milk or a slice of lemon?

- このＱＲコードを読み取り、携帯からご注文ください。

Could you read this QR code and order from your mobile?

- こちらのタブレットを利用してご注文ください。

Could you make your orders through this tablet?

片付けるとき

- おすみでしょうか。

Are you through?

- お皿を片付けてよろしいですか。

Shall I take the dish away?

食物アレルギーと食事制限

アレルギーはしっかりと確認しなくては、人の命に関わる重要な問題に発展しかねません。

何が食べられないかを、きちんと単語で確認し、さらに誤解がないように書いていただいてもよいと思います。

- 食物アレルギーはありますか？
  Do you have any food allergies?
- 食物アレルギーや食事制限はありますか？
  Do you have any food allergies or dietary restrictions?

Gluten allergy　グルテンアレルギー、小麦アレルギー
　和食で注意すべき物：うどん、蕎麦、醤油、みそ

Dairy allergy　乳製品アレルギー
　注意すべき物：パン類、パン粉、グラタン

Buckwheat allergy　蕎麦粉アレルギー
　注意すべき物：蕎麦と一緒にゆでたうどん

Nut allergy　ナッツアレルギー
　注意すべき物：クルミが入っている雑魚

Peanut allergy　ピーナッツアレルギー

Shellfish allergy　甲殻類アレルギー
　注意する食べ物：カニ類、エビ類、貝類

Vegan　野菜のみ。卵、乳製品、かつお出汁、はちみつもダメ。

Vegetarian　野菜のみ

Lacto-ovo-vegetarian　卵、乳製品は **OK**

Lacto-vegetarian　卵ダメ。乳製品は **OK**

Ovo-vegetarian　乳製品ダメ。卵は **OK**

Pescatarian　肉類ダメ。野菜と魚介類は **OK**

Halal　イスラム教徒が食べる食物。厳密な決まりごとがあるハラルフードのみＯＫ。豚肉、アルコールはダメ。これらと一緒に調理されたもの、一緒に保存された食べ物もダメ。

英語では、否定形で質問をした場合、答えが

正しければ　**No, we can't eat that.**

正しくなければ　**Yes, we can eat that.**

になります。日本語は反対の表現になるので、再確認して誤解がないようにしましょう。

レストラン側　**You can't eat pork?** 豚肉は食べないのですね。

お客様　**No.** その通りです。

レストラン側　**You can't eat eggs?** 卵は食べないのですね。

お客様　**Yes, I can eat eggs.** いいえ、卵は食べられます。

上手なオーダーテイク

注文を受ける店員さんは、メニューについてわからないことがあっても“I don't know.”とはいわずに、“One moment, please. I'll go and check.”とお客様にお待ちいただき、確認して答えるようにしましょう。

基本的な調理法を説明します。

焼いたもの　broiled, grilled, fried
煮たもの　boiled, cooked, simmered（コトコトと煮る）
揚げたもの　deep-fried
なまもの　raw, fresh

そして、おおよそどのようなお料理かわかっていただけるよう努力しましょう。個人的な意見でも“It's very good.”と一声かけてみると、好奇心の強い方は初めてのお料理でもトライしてくださるかもしれません。

多少親しみを込めたいい方で“Would you like to try it?”とおすすめしてもよろしいでしょう。

もし、注文されたものに間違いやご不満があるようでしたら、“Is there anything wrong with your order?”とうかがってみます。

このようなことにならないためにも、やはり注文の確認は大切です。“Let's me repeat your order.”といって始めます。

16 レストランでの会計

日本のホテルのレストランでは、お支払いはレジで (at the cashier) していただくのが一般的です。しかし、レジの担当以外の方も、お客様から値段や支払い方法について質問されたときには、答えられるようにしておきましょう。

41

...(at the table)

G Excuse me. Check, please.

R Would you please pay at the Cashier?

...(at the Cashier's desk)

R **Your bill comes to 8,320 yen.**

G Charge it to my room, please.

R Certainly. **Could you sign your name here and write down your room number?**

G How about for the tip?

R Thank you. But a ten percent service charge has already been added to your bill.

G I see.

R Thank you very much.

We hope to see you again.(1)

NOTES

(1) 次の「覚えておきたいその他の表現」の「お客様をお送りするとき」を参照。

……（テーブルで）

G すみません。お勘定お願いします。

R おそれいります。お会計はレジでお願いできますでしょうか。

……（レジにて）

R **お会計は 8,320 円でございます。**

G 部屋につけておいてください。

R かしこまりました。**お名前とお部屋番号をご記入いただけますか。**

G チップはどうしたらいいですか。

R ありがとうございます。私どもではあらかじめサービス料10％をいただいておりますので。

G わかりました。

R ありがとうございます。

またのお越しをお待ち申し上げております。

覚えておきたいその他の表現 42

- ただいま伝票をお持ちいたします。

  I'll bring your check right now.
- お会計はテーブルで承りましょうか。

  Would you like to pay at your table?
- お支払い方法はいかがなさいますか。

  How would you like to settle your bill?
- お部屋におつけしておきましょうか。

  Shall I charge it/the bill to your room?
- お会計は別々になさいますか。

  Would you like separate checks?
- ここにカードを挿入してください。

  Could you insert your card here?
- 反対向きです。

  It's the other way around.
- こちらにカードをかざしてください。

  Could you tap your card here?
- こちらのリーダーにもう一度カードをかざしてください。

  Could you tap your card to the reader again?
- こちらのリーダーにカードを通してください。

  Could you swipe your card through the card reader?

レストランでのあいさつ

■お客様をお迎えするとき

Good morning/afternoon/evening.

Welcome to ...（店名）

Enjoy your lunch/dinner.

Did you have a nice day?（夕食の時間のみ）

■お食事中

How is your breakfast/lunch/dinner?

Are you enjoying your lunch/dinner?

Is everything all right?

Is there anything else you need/want?

■お客様をお送りするとき

How was your breakfast/lunch/dinner?

Did you enjoy your lunch/dinner?

Did you have a nice lunch/dinner?

We hope to see you again.

We look forward to seeing you.

We hope to serve you again.

We look forward to serving you again.

17 ルームサービス

電話応対は落ち着いて、メモの準備もしましょう。

さらに、時間、個数など数字の入る会話となりますので、「コラム❶　部屋番号の伝え方」や「コラム❹　時間の伝え方」の注意点に気をつけてください。客室にお運びした際には、最後にひとこと、あいさつを忘れないようにしましょう。

43

H: Room Service, may I help you?

G: Can I order an American breakfast for two(1)?

H: Certainly, **what kind of fruit juice would you like?**

G: Two orange juices, please.

H: **How would you like your eggs?**

G: One sunny-side up(2) and one scrambled.

We'll both have coffee.

H: May I have your room number, please?

G: 1527.

H: Thank you very much.

Your order will take about 20 minutes.

NOTES

(1) for two または two servings of...

……人前、……人分というときに使う。

(2) 目玉焼きの種類で片面焼きのこと。

両面焼きは焼き加減により over-easy と over-well がある。

ゆで卵は boiled egg、落とし卵は poached egg という。

H ルームサービスでございます。

G アメリカン・ブレックファーストをふたり分注文したいのですが。

H かしこまりました。**ジュースは何がよろしいでしょうか。**

G オレンジ・ジュースをふたつ。

H **卵はいかがいたしましょうか。**

G ひとつは目玉焼き、もうひとつはスクランブルで。ふたりともコーヒーをいただきます。

H お部屋番号は何番でしょうか。

G 1527 号室です。

H ありがとうございます。

ご注文は 20 分くらいでお届けいたします。

覚えておきたいその他の表現　44

ご注文を受けるときの表現

- ご朝食は何時にお持ちいたしましょうか。
  At what time shall we serve you breakfast?
- 何名様分のテーブルセッティングにいたしましょうか。
  For how many people shall we set the table?
- ご注文は、お部屋にございますメニューからお選びくださいませ。
  Could you order from the menu in the room?
- 朝食のルームサービスは午前7時から11時でございます。
  Room service breakfast is served between 7 AM and 11 AM.
- おそれいりますが、私どもではルームサービスはいたしておりません。
  We're sorry, we have no room service at our hotel.
- 1階のコーヒーショップをご利用いただけますか。
  Could you try our coffee shop on the first floor?
- ソフトドリンクの自動販売機が各階にございます。
  There are vending machines for soft drinks on each floor.
  Soft drinks are sold at the vending machines on every floor.

ご注文をお持ちしたときの表現

- お待たせいたしました。

  Thank you for waiting.

  （お約束した以上にお待せしたとき）

  I'm sorry to have kept you waiting.

- テーブルはこちらにご用意してよろしいでしょうか。

  May I set the table here?

- ご注文のお料理はこちらですべてでございますか。

  Is this all you've ordered?

- おすみになりましたら、ドアの前にお出しいただけますか。

  Please leave your dishes outside your room when you're through.

- 片付けは、お申し付けください。

  Please call us when you'd like your dishes taken away.

- ご用がございましたら、お呼びくださいませ。

  Please call us if you need any help.

- お食事をお楽しみください。

  Enjoy your meal.

第3章

コンシェルジュ

CONCIERGE SERVICES

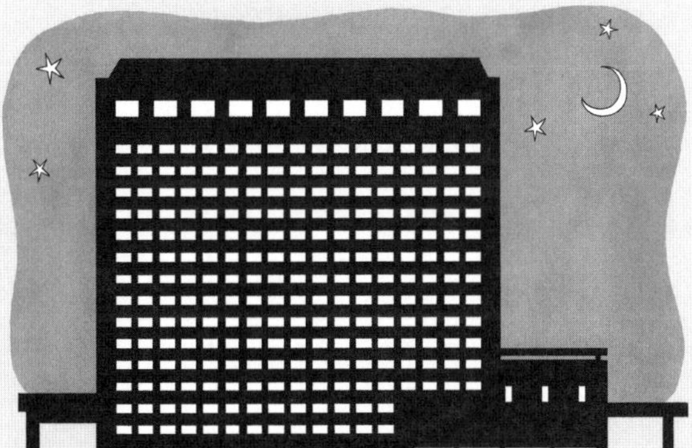

18 ギフトショップで

お客様には “May I help you?” とひとこと声をかけてさしあげましょう。特にお探しのものがないときは “I'm just looking.” などとおっしゃるでしょう。

“Certainly.” といってさしあげると、感じのよい対応になります。

45

H Good morning. May I help you?

G I'm looking for a present for my daughter.

Could you recommend anything?(1)

H Well...(2) How about this Japanese doll?

G Oh, how lovely! How much is it?

H **It's 3,000 yen plus tax.**(3)

G I think I'll take this.

H **Will this be cash or credit card?**

G Cash.

H All right.

Thank you very much.

NOTES

(**1**) “Could you recommend something typically Japanese?”
「何か日本的なものはありませんか」とおっしゃる方も多い。

(**2**) とっさに答えが出てこないときや考え中のときに使う。日本語の「そうですね……」と同じような雰囲気で、平たんなイントネーションでいう。

(**3**) 「税金を含めて」は including tax。

H いらっしゃいませ。

G 娘へのおみやげを探しているのですが、何かいいものはありませんか。

H そうでございますね。こちらの日本人形はいかがでしょうか。

G まあ、かわいい！　これはいくらですか。

H **3,000円です。それに消費税がつきます。**

G じゃ、これをいただきます。

H **お支払いは現金でございますか、カードになさいますか。**

G 現金で。

H かしこまりました。
ありがとうございました。

覚えておきたいその他の表現 46

- お支払いはどのようになさいますか。

  How would you like to pay?

  How would you like to make a payment?

- おそれいりますが、Y カードはお取り扱いいたしておりません。

  I'm sorry, but we don't accept Y card.

- （カードの一覧表をお見せしながら） お使いいただけるのは、こちらのカードでございます。

  We accept these cards.

  These are the cards we accept.

- カードとお控えでございます。

  Here's your card and your copy.

- 250 円のお返しでございます。

  Here's your change of 250 yen.

- 米ドルで約 15 ドルでございます。

  It's about 15 US dollars.

- 切手はフロントで販売いたしております。

  Stamps are sold at the Front Desk.

- 申し訳ございません。都内の地図はただいま切らしております。

  I'm afraid the city maps are sold out.

  out of stock.

- この地域の名産品です。

  This is a specialty from this region.

- こちらがこの地域の伝統工芸品です。

  This is a local traditional craft/art work.

おつりの渡し方東西

日本ではおつりの額をいいながら「300 円のお返しでございます」と差し出しますが、欧米では請求額におつりを加算しながらお渡しして、最後にお預かりした金額にするという方法でお渡しします。

たとえば、3,090 円のお品で 3,500 円お預かりした場合。

“You gave me 3,500 yen and it's 3,090 yen.”

“So here is 3,100.”（お客様に 10 円玉をお渡ししながら）

“3,200, 3,300, 3,400.”（さらに、100 円玉をひとつずつお渡ししながら）

“and 3,500 yen. Thank you very much.”（最後の 100 円をお渡しする）

19 館内の案内

お客様がお部屋を探していらっしゃるときなど、お困りの様子をお見受けしたときには、会話例のように積極的に声をかけてみましょう。

お客様が help を必要としなければ、“No, thank you. I'm fine.” とおっしゃってくださいます。

47

H: May I help you with anything?(1)

G: Oh yes, where is the MDK Opening Party being held?

H: That is at “Tsuru-no-ma” on the 4th floor.

Please take this elevator.

G: Alright, and is there a cloak room?

H: It's just around the corner over there.

G: Thank you.

H: You're welcome.

NOTES

(1) "Is there anything I can do for you?"

H **いらっしゃいませ。ご案内いたしましょうか。**

G はい、「MDK オープニング・パーティー」はどこですか。

H 4階の「鶴の間」でございます。

こちらのエレベーターをご利用くださいませ。

G わかりました。クロークはありますか。

H **あちらの角を回ったところにございます。**

G ありがとう。

H どういたしまして。

覚えておきたいその他の表現 48

- こちらは本館でございます。
  This is the main building.
- 渡り廊下を通り、別館2階にお越しくださいませ。
  Take the walkway to the annex and up to the 2nd floor.
- お手洗いは廊下の右側にございます。
  The restroom is on the right hand side of the hallway.
  (女性のお客様には **the bathroom, the Ladies', the wash room, the powder room** などを使うこともあります)
- 駐車券をフロントに提示していただきますと、2時間無料でございます。
  If you show your parking ticket at the Front Desk, you will receive two hours of free parking.
- セミナールームへの入室には許可証が必要です。
  You'll need a seminar ID card to enter the seminar room.
- プールは屋上にありますが、7月1日まで営業しておりません。
  The swimming pool is on the rooftop, but it is not open until July 1st.
- 温泉は、深夜零時まで開いています。
  The hot spring/onsen is open till midnight.

階段を上る／降りる	**go up/down the stairs**
エレベーター	［米］**elevator** ［英］**lift**
エスカレーター	**escalator**
エレベーターの向かい側	**opposite the elevator** **across from the elevator**
コーヒーショップの前	**in front of the coffee shop**
美容室を通り過ぎた所	**just past the beauty salon**
理髪店の手前	**just before the barbar shop**
女性用トイレの隣	**next to the ladies' room**
ホテルの外	**outside the hotel**
ホテル内	**inside the hotel**
トイレ	**toilet, restroom, bathroom**
多目的トイレ	**accessible toilet/restroom/bathroom**
ジェンダーレストイレ	**gender-neutral toilet, unisex toilet, all gender toilet**

＊「6　道案内」参照。

20 とっさの対応

“Excuse me...” とお客様の方からお声をかけられ、どのような用件かわからない場合のリスニングが最も難しいかもしれません。まずは、キーとなりそうな単語を聞き取ることです。わかったところから聞き返しましょう。「勘」も必要ですが、「決めてかかる」と、かえって誤解が生じます。

49

G Excuse me.

H Yes. May I help you?

G Do you think you can prepare a bouquet for a birthday surprise(1)?

H How big a bouquet would you like?

G Say about ten roses and some greens to go with them.

H Certainly. **May I have about 20 minutes to prepare everything?**

G Alright. Oh, and a bottle of champagne, too, please.(2) I'll leave the brand up to you.

H **Right away.**

NOTES

(1) bouquet [ブーケイ], surprise [サプライズ]

a surprise birthday party 誕生日のお祝いの準備を本人に秘密でするパーティー。

(2) champagne [シャンペイン]

G すみません。

H はい。ご用でございましょうか。

G お誕生日の方のために、花束をひとつ用意してもらえませんか。

H どのくらいの大きさのものがよろしいでしょうか。

G バラが 10 本ぐらいと、緑を少し添えていただけますか。

H かしこまりました。**20 分ほどお時間をいただけますでしょうか。**

G わかりました。ああ、それにシャンパンを1本お願いします。銘柄はおまかせします。

H **はい、すぐにお持ちいたします。**

覚えておきたいその他の表現

50

- カードをおつけいたしましょうか。

Would you like a card attached to it?

- テーブルといすを別にご用意いたしましょうか。

Shall I set another table and chairs?

- 申し訳ございませんが、……はいたしかねます。

We're sorry but we won't be able to...

用意する	**prepare it/them.**
	set it/them up.
運び出す	**take it/them out.**
降ろす	**bring it/them down.**

- 申し訳ございませんが、２日前までにご予約いただいております。

We're sorry but it requires a two-day advance booking.

- ご希望の銘柄はございますか。

Is there any brand you prefer?

- ご予算はどれくらいでしょうか。

Do you have a price range in mind?

- お飲み物はいかがでしょうか。

Would you like a drink?

- お皿をお下げしてよろしいでしょうか。

May I take your dishes away?

お客様　部屋で使えるマイクはありますか。

Do you have a microphone we can use in the room?

ホテル側　はい、スタンドマイクとワイヤレスのハンドマイクのどちらがよろしいでしょうか。

Certainly. Would you like a floor microphone or a wireless microphone?

お客様　京都に荷物を送りたいのですが。

I'd like to send my luggage to Kyoto.

ホテル側　フロントからお送りいたしましょう。

We'll send it for you from the Front Desk.

お客様　会社から郵便物が届くはずなのですが。

I'm expecting a postal package from my office.

ホテル側　まだ届いていないようです。届きましたらお持ちいたします。

We have not yet received it. We'll bring it to you when we receive it.

21 クロークの対応

　お客様への質問は、答えが具体的になるような問いかけをするとリスニングが楽になります。

　クロークでお客様のバッグをお捜ししなくてはならないときは“Could you describe your bag?”「どのようなバッグですか」よりも“Is it a large bag?”などとうかがう方がよいでしょう。

51

H **May I take your coat?**

G Yes, please. And this bag, too.

H **Are there anything valuables inside?**

G No, I've kept them with me.

H Here's the tag. Thank you.

...(The customer returns to collect the bag.)

H May I have your claim tag?

G Oh, I can't find my tag.

H Can you describe your items?

G One brown leather coat. A long one! And a black paper bag of about this big.

H Let me check....

Could it be this one? And this bag?

H **コートをお預かりいたしましょうか。**

G お願いします。このバッグもお願いします。

H **貴重品はございませんか。**

G ありません。自分で持っていますから。

H こちらが引換証でございます。

……（お客様が戻られる）

H 引換証はお持ちでいらっしゃいますか。

G 引換証が見つからないのですが……。

H お預かりしたものはどのようなものですか？

G 茶色の皮のコート。長いものです。それに、黒の紙袋でこれくらいの大きさです。

H お調べいたします。

こちらのコートですか。あと、この袋ですか。

22 館外のレストラン予約依頼を受ける

“Book a restaurant” は「どこかレストランを（一か所）予約する」、“Book the restaurant” は「ある特定のレストランを予約する」という理解でいいでしょう。慣れてくると使い分けできるようになります。フレーズで覚えましょう。

52

G Can you book this restaurant for us?(1)

H Yes, certainly. For what day and what time would that be?(2)

G We want to go tomorrow night.
Say, about 7 pm or later.

H Alright, for tomorrow night at 7 pm or later.
And for how many people would that be?(3)

G For four people, please.

H OK. We will call the restaurant when it opens later today.(4)
And we will email you the details after the call.
Will that be alright?

G That will be very helpful.

H Thank you. Have a nice day.

NOTES

(1) “Can you reserve a table for us?” ともいう。

(2) “For which date would that be?” ともいう。

(3) 子供がいるか確認する。“And are there any children (in your group)?”

(4) 安易にキャンセルできないお店の場合、この時点でキャンセルポリシーを伝える。

G このレストランの予約をお願いできますか。

H はい、承知いたしました。何曜日の何時が良いですか。

G 明日の晩に行きたいのです。

そうですね、7時とか、それ以降で。

H かしこまりました。明日の晩、7時、またはそれ以降ですね。

何名様になりますか。

G 4人でお願いします。

H かしこまりました。今日、レストラン開店後にお電話しておきます。

その後、お客様にメールで詳細をお送りします。

よろしいですか。

G それは助かります。

H ありがとうございます。良い一日を。

覚えておきたいその他の表現 53

レストランへの到着時間や、連絡無しのキャンセルなど、日本の常識を当たり前ととらえず、きちんと説明しておきましょう。

- 遅れないようお気をつけください。
  Please make sure to arrive on time.
- 遅れるとキャンセルされてしまいます。
  If you arrive late, they will cancel your reservation.
- 20分遅れると事前連絡なしのキャンセル扱いになってしまいます。
  If you arrive 20 minutes late, it will be considered cancellation without advance notice.
- キャンセル料金がかかることになります。
  A cancellation charge will apply.
- もし、行かれないことになった場合は、必ずご連絡ください。
  Please let us know if you are not going.
  Please let us know if you decide not to go.
- キャンセルの電話をしなくてはいけません。
  We have to call them to cancel your reservation.

お座敷に上がるお店ならば、事前に堀になっているか聞いておくと良いでしょう。畳に座ることができない方が多くいらっしゃいます。

- 畳に座ることはできますか？
  Are you comfortable sitting on a Japanese tatami floor?
- テーブル席の方がいいですか？
  Would you prefer to sit at a table?

- テーブルの下は堀になっているので足をおろせます。
  You can put your legs down into the sunken floor below the table.
- 靴を脱がなくてはいけません。
  You will need to take off your shoes.
- 靴下をはいておいてください。または、必ず1足お持ちください。
  Please wear socks or bring a pair of socks.

予約したお店との信頼関係を保つためにも安易にキャンセルされないように必ずキャンセルポリシーを伝えましょう。

- キャンセル料金がかかる。
  A cancellation charge applies.
- キャンセル料金は、ご予約の前日 / 前々日からかかります。
  A cancellation charge applies from the day/two days before the booked date.
- キャンセル料金は、15分遅れた時点でかかります。
  A cancellation charge applies if you arrive 15 minutes late.
- 本日予約したときから、キャンセル料金は100%かかります。
  A cancellation charge applies 100% from the time you make the booking today.
- お客様のキャンセル料金は、お部屋の方におつけすることになります。
  Your cancellation charge will be billed to your room.
- 厳しいキャンセルポリシーがありますので、ご注意ください。
  There is a strict cancellation policy. Please be aware of it.

23 館外のレストランを提案する

滞在中におすすめのレストランは、ホテルのスタッフに聞くという旅行者は多くいらっしゃいます。初めて会うお客様の希望に沿うレストランを選んでさしあげることは至難の業だと思います。なるべく多くの情報をいただき、期待させすぎないようにおすすめすることも重要です。

54

G We'd (would) like you to help us book a restaurant for tonight.

H Yes, of course. Do you have a certain restaurant in mind(1)?

G No, can you recommend a good local(2) restaurant near the hotel?
It could be sushi or tempura.

H There is a good sushi restaurant in about a 10-minute walk. There is also an *izakaya*(3) type of restaurant.
They will have sashimi and tempura dishes also.

G What is *izakaya*?

H It is a casual dine and drink place.
You can order dishes a la carte.
They are reasonably priced.(4)

G That place sounds good!

NOTES

(1) in mind とは、「頭に描いているもの」というニュアンス。

(2) local を使って、「地元の人が利用するお店」を意図している。
観光客向けでないお店を期待している。

(3) *Izakaya* は、海外でも使われつつある。

(4) 価格が妥当。

G 今晩、どこか、レストランの予約をお願いしたいのですが。

H かしこまりました。すでにどちらかのレストランを考えておられますか。

G いいえ、ホテルの近くにあるおすすめの地元のいいお店はありますか。
お寿司でも天ぷらでもいいですよ。

H 10 分ほど歩いていけるいい鮨店がありますよ。
また、居酒屋もあります。
そちらならばおさしみも天ぷらもあります。

G 居酒屋ってなんですか。

H 居酒屋は、気楽な飲食店です。
一品料理で注文できます。
お値段もお手頃になっています。

G そこが良さそうですね。

覚えておきたいその他の表現 55

まずは、どのような食事、場所、お値段を期待しておられるのか情報をいただきましょう。

- 特に考えておられるお料理はありますか。

  Do you have a particular food you would like to try?
- コース（おまかせ）料理の方がいいですか。

  Do you prefer a set menu like *omakase*-style?
- 一品料理での注文の方がよろしいですか？

  Do you prefer to order a la carte?
- お子さんもご一緒ですか。

  Are there any children in your group/family?
- 徒歩圏内の場所がよろしいですか。

  Do you prefer it within a walking distance?
- タクシーで 10 分以内くらいのところはいかがですか。

  How about within a 10-minute taxi ride?
- ご予算は、どれくらいですか。

  Do you have a price range in mind?

レストランによってはコースのみ、または一品ずつ注文するところがあります。お値段を伝えておきましょう。

- レストラン A のお一人様 5,000 円から 7,000 円のコースがあるところはいかがですか。

  How would you like restaurant A which serves a set menu between 5,000 and 7,000 yen per person.
- レストラン B の一品料理は 500 円から 1,500 円くらいです。

  A la carte dishes at restaurant B are from 500 to 1,500 yen per dish.
- 皆さんで分けながら召し上がれます。

  You can share each dish among you.

● 一度に数品ずつ注文します。

You can order a few dishes at a time.

● お一人様の平均単価は、4,000円ほどです。

An average cost per person is about 4,000 yen.

レストランの雰囲気を伝えましょう。

● このレストランは本格的な和食を出すお店です。

This restaurant serves formal Japanese cuisine.

● ドレスコードは、スマートカジュアルです。

The dress code is smart casual.

● このレストランは、家族向けの気楽なお店です。

This restaurant is a comfortable restaurant for families.

● このレストランは、地元の食材 / 地元の魚介が楽しめるお店です。

You can enjoy local food/local seafood.

● このレストランは、大勢の仕事帰りの人達が飲食しています。

This restaurant is full of guests drinking and dining after work.

● 通常、分け合って食べます。

We normally share each dish.

おすすめのお料理があるならば最後に伝えてみてはどうでしょうか。

● ぜひ、地元の海の幸を楽しんでください。

I recommend trying local seafood here.

● この店の豆腐料理はどれもおいしいですよ。

Tofu dishes are excellent here!

24 天気予報のお知らせ

日頃から天気予報を英語音声で聞き、フレーズの練習をしてみるとよいと思います。雨の多い地域では、天気のよい日に“Enjoy the sun!”というあいさつがあります。

56

G Can you check tomorrow's weather forecast? (1)

H Yes, certainly. It will be fine during day time and raining from late afternoon (2) . But it will be extremely hot.

G Oh, how hot will it be?

H It is expected to reach 35 degrees Celsius during day time.

Please make sure to drink water regularly.

G OK. That must be around 95 degrees Fahrenheit.

H Yes, many people suffer heat strokes.

Please try to stay under the shade regularly.

G Alright.

H Would you like to bring an umbrella?

We can lend (3) you our hotel umbrellas.

G That will be great! Thank you very much.

NOTES

(1) "What's the weather like tomorrow?" ともいう。

(2) 午後の早い時間は early afternoon、
　　夕方の早い時間は early evening、
　　おおよそ夕食の時間帯は late evening、
　　おおよそ就寝の時間帯は late night

(3) 無料貸し出しは use でもよい。

G 明日の天気予報を調べてくれますか。

H はい、かしこまりました。　明日は、日中は天気ですが、午後遅めから雨が降ります。ただ猛暑になるようです。

G そうですか。どれくらい暑くなりますか。

H 昼間は摂氏 35 度まで上がるようです。
定期的に水分を取るようにしてくださいね。

G わかりました。華氏で 95 度くらいということですね。

H はい、最近多くの方が熱中症になります。
定期的に日陰に入るようにしてください。

G わかりました。

H 傘をお持ちになりますか。
ホテルの傘をお貸しできますが。

G それは助かります。ありがとうございます。

覚えておきたいその他の表現

57

- 明日は晴れるでしょう。(未来)

  It will be fine tomorrow.
- 今日は寒いです。(現在)

  It is cold today.
- 未明には雪が降っていました。(過去)

  It was snowing earlier this morning.

晴れ	**fine**
曇り	**cloudy**
雨	**raining**
雪	**snowing**
風が強い	**windy**
霧がかかる	**foggy**
暑い	**hot**
蒸し暑い	**humid**
暖かい	**warm**
涼しい	**cool**
冷える	**chilly**
寒い	**cold**

- 冷え込む天候の用意をなさってください。

  Please prepare for cold weather.
- 最高気温は、25 度、最低気温は 12 度の予報です。

  The temperature will be high of 25° C and low of 12° C.
- 夜は 0℃まで下がるでしょう。

  It will drop down to zero degree at night.
- 巨大台風が近づいています。屋内にいてください。

  A strong typhoon is approaching. Please stay indoors.

- 雷やいなづまの兆候があったら、建物の中にいてください。
If you see a sign of thunderstorm or lightening, please stay indoors.

温度比較

日本の温度表示は摂氏ですが、アメリカでは一般的には華氏、カナダでは両方表示、欧州では摂氏が使われています。

摂氏　**C-Celsius** [セルシアス]

華氏　**F-Fahrenheit** [ファーレンハイト]

24°C…twenty-four degrees Celsius

78°F…seventy-eight degrees Fahrenheit

大まかな換算方法

°F = °C × 2 + 30

°C = (°F − 30) ÷ 2

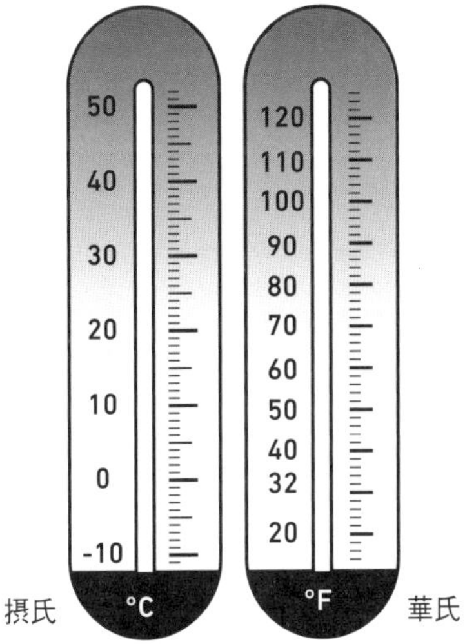

25 観光ルートを提案する

さまざまな観光情報がどこででも入手できます。そのため、どれを選択するとよいのか、わからなくなるお客様も多くおられます。

最も効率的に回る方法、主要な観光名所だけではなく静かな雰囲気を味わえる場所、その地元独特な雰囲気を味わえる場所、自然を感じられる場所、徒歩を楽しめるルート、歩かなくていいルート、地元の工芸や人々との交流を楽しめる場所などを配慮したルートをいくつか提案できるよう準備しておくとよいでしょう。

58

G We have a full day tomorrow for sight-seeing in the city. Can you give us some suggestions?(1)

H Yes. Let me show you a city map and give you a suggested route.(2)

This shrine here is the main shrine of the city.

And this one here, has a beautiful Japanese garden in the back. And this area here may be good for a lunch stop.

Then you can walk to this temple.

It has some very old buildings.

From here, you can walk back to the hotel along the river.

G That sounds like a perfect idea! Thank you very much!

H Enjoy Kyoto!

NOTES

(1) "Can you recommend where we should go tomorrow?""Can you recommend what we can do tomorrow?" ともいう。

(2) route は「ラウトゥ」と発音する。日本語のルートとは違う発音。

"I can give you some suggestions/recommendations." ともいう。

G 明日一日、市内観光をしようと思います。

何か提案してもらえますか。

H はい。地図をお見せして、おすすめルートを提案しましょう。

この町の主要な神社がこれです。

そして、こちらには、裏の方に美しい日本庭園があります。

さらに、この辺りで昼食をとられるといいと思います。

そして、このお寺に歩いて行かれます。

ここには、いくつかの古い建物があります。

ここからは、川沿いを歩いて、ホテルに戻れます。

G それは、いいアイディアですね！　どうもありがとう。

H 京都を楽しんでください。

覚えておきたいその他の表現 59

- 主要な観光地に行きたいですか。
  Would you like to go to the major sight-seeing sites?
- 観光客で混んでいると思います。
  It will be crowded with many tourists.
- 静かなところに行きたいですか。
  Would you like to go to some quiet places?
- 人混みを避けたところがいいですか。
  Would you like to avoid the crowd?
- 日本の苔の庭を見たいですか。
  Would you like to see some Japanese moss gardens?
- 日本の枯山水の庭園を見たいですか。
  Would you like to see some Japanese Zen gardens?
- 自然を感じられるところに行きたいですか。
  Would you like to go somewhere you can feel nature?
- 歩くのは大丈夫ですか。（少し長く歩く場合）
  Are you comfortable walking?
- 車で観光できるところがいいですか。
  Do you prefer to use a car for sight-seeing?
- バスを利用するのは大丈夫ですか。
  Are you comfortable using buses?
- 大通りに出るとバス / タクシーに乗れます。
  You can catch a bus/a taxi on the main street.
- 京都駅行きのバスに乗ってください。
  Please take a bus bound for Kyoto Station.
- ホテルの目の前のバス停で降りてください。
  Please get off at the bus stop in front of the hotel.

- バス停の名前は、四条河原町です。

  The bus stop name is Shijo-Kawaramachi.
- タクシーは、手を挙げてひろえます。

  You can hail a taxi.
- ラッシュアワーを避けた方がいいと思います。

  I think it is better to avoid rush hour.
- 階段はあがれますか / おりられますか。

  Can you walk up/down steps?

  Can you go up/down stairs?
- 車いすでも行けるところです。

  You can go on a wheelchair.

  It's wheelchair accessible.

26 寺と神社の違いを説明する

日本人でも簡単に説明することはできない人も多いでしょう。特に神道、神社に関しては、日本独自のものですので、最も簡単に説明する方法を身につけてはいかがでしょうか。

60

G We have been seeing so many temples and shrines.
What's the difference?

H In general, Buddhist sites are called temples and Shinto sites are called shrines.
Buddhism was introduced into Japan in the 6th century.
Shinto is an indigenous(1) religion.

G Tell me about Shinto religion.

H Shinto is a polytheistic(2) and animistic(3) religion.
We believe in many gods: for example, in nature and in natural forces.

G Do most people believe in Shinto(4) or Buddhism?

H Generally speaking, many Japanese believe in both Shinto and Buddhism.

NOTES

(1) indigenous［イン**ディ**ジュネス］は、日本独特という意味を込める。

(2) polytheistic［ポリ**シー**スティック］は、八百万の神の意味を込める。

(3) animistic［アニ**ミス**ティック］は、精霊信仰の意味を込める。
神道を説明するにあたり、この3つの言葉を使うとわかりやすい。

(4) Shintoism という表現もある。

G たくさんお寺や神社を見ました。
どう違うのですか。

H 一般的に、仏教の場は寺といい、神道の場を神社と呼びます。
仏教は6世紀に日本に伝道されました。
神道は、日本土着の（民族的）宗教です。

G 神道について教えてください。

H 神道は多神教で、アニミズム的宗教です。
多くの神が存在すると信じています。
たとえば、自然や自然現象などにも。

G 大半の人が神道を信じているのですか。それとも仏教ですか。

H 多くの日本人が両方信仰しているとよく言われます。

27 温泉・大浴場の使い方を説明する

温泉を楽しみに来られる方もいますが、外国では水着を着て男女混浴の温泉がたくさんあります。日本のマナーを上手にお伝えしたいですね。

61

G We want to try the onsen. Can we wear our swim wear(1)?

H Well, when we go to onsen, we cannot wear swim wear. We have to bathe in the nude.(2)

G Oh, OK. And can you tell us about the onsen etiquette?

H Certainly. It's public communal bathing.
There are entrances for men and women separately.

G OK.

H And it is handy to bring one small towel into the bathroom for modesty.
But, please remember. We cannot soak(3) the towel in the onsen.

G Oh, good to know.

H And please wash yourself before you go into the onsen tub.

G Will do!

NOTES

(**1**) bathers [**ベイ**ザス] という表現もある。

(**2**) naked [**ネイ**キッドゥ] という表現もある。

(**3**) soak は「液体に浸す」意味がある。
主語を we にして “We cannot put the towel in the bathtubs.” とすると表現が和らぐ。

G 温泉に入ってみたいんですが、水着を着てもいいですか。

H 温泉では、水着の着用はできないです。
すべて脱いでいただくことになります。

G あ、そうなんですね。では入浴するときのエチケットを教えてください。

H もちろんです。公衆の浴場です。
男性と女性、それぞれ別の入口があります。

G わかりました。

H 小さなタオルをお持ちいただくと（控え目で）便利です。
ただ、覚えておいてください。浴槽にタオルを入れてはいけません。

G それは、知っておいてよかったです。

H そして、浴槽に浸かる前にお身体を洗ってください。

G そうします。

覚えておきたいその他の表現

62

- 男性と女性に分かれています。

  The genders are segregated.
- 髪の毛が長い方は、髪を上げてください。

  If you have long hair, please tie it up.
- 髪の毛が浴槽につからないようにしなければなりません。

  Your hair should not soak in the tub.
- シャンプー、リンス、ボディーソープは、完備してあります。

  Shampoo, conditioner and body soap are provided.
- お部屋からバスタオルをお持ちください。

  Please take a bath towel from your room.
- 受付でバスタオルと小さなタオルをお受け取りください。

  Please receive the bath towel at the reception.
- バスタオルと小さなタオルを受付カウンターにてお貸しいたします。

  Rental bath towels and small towels are available at the reception counter.
- 更衣室にドライヤーがあります。

  Hair dryers are in the changing room.
- 夜は午後 3 時から 11 時前、朝は午前 6 時から 10 時まで開いています。

  It is open from 3pm to 11pm at night and from 6am to 10am in the morning.
- 男性用と女性用の浴場は、朝交換します。

  The men's bathroom and women's bathroom will change in the morning.
- 貴重品はロッカーに入れてください。

  Please put your valuables in the locker.

- 浴室内での携帯のご利用は禁止されています。
  Use of mobile phones is prohibited in the bathroom. Please do not take your mobiles into the bathroom.
- 浴場内は滑るのでお気をつけください。
  The bathroom floor is very slippery. Please be careful.

28 アメニティーの説明をする

最小限の荷物で旅行されているお客様からの要望に応えらえるよう各宿泊施設で完備している物の名前は、覚えておきましょう。特に外来語は、元々の言葉とは違うこともあるので注意して使いましょう。

63

G Do you have any toothbrushes?

H The amenities(1) for you to use in the room are all available over there.
Please take what you need.

G Alright. Thank you.

H If there are anything else you need, please let us know.

G Do you have any shaving cream?

H Oh, I am so sorry but we don't have any here.
The hotel shop has some. You can buy it there.

G OK. Thank you.

H Thank you. Enjoy your stay.

NOTES

(1) 複数形で使うことが多い。Amenities とは、快適で居心地良くするものを意味する。英語では、洗面台まわりの小物とは限らない。

G 歯ブラシはありますか。

H お部屋でご利用いただけるアメニティーは、あちらの方にすべて揃えてございます。必要な分、お持ちください。

G はい。ありがとう。

H ほかに何かご利用のものがあれば申しつけください。

G シェービングクリームはありますか。

H 申し訳ございません。こちらにはないのですが、ホテルのショップにございますので、そちらでお買い求めいただけますか。

G わかりました。ありがとう。

H ありがとうございます。どうぞご滞在を楽しんでください。

覚えておきたいその他の表現　64

- アイロンとアイロン台のご使用が終わりましたら、ご一報ください。

  Could you let us know when you are done with the iron and the ironing board?

- この袋に使用済のオムツを入れて、このバケツに捨ててください。

  Please put the used diapers in these bags and place them in this bucket.

場所

テーブルの上	**on the table**
トレイの上	**on the tray**
引き出しの中	**in the drawer**
バスケットの中	**in the basket**
棚の中	**in the rack**

アメニティー

歯ブラシ	**toothbrush**（複数　**toothbrushes**）
歯磨き粉	**toothpaste**
ヘアブラシ	**hair brush**（複数　**hairbrushes**）
くし	**comb**（コーム）
ボディータオル	**wash cloth**
かみそり	**razor**
石鹸	**soap**
綿棒	**cotton buds**
コットンパフ	**cotton pads**
入浴剤（固形）	**bath bomb**
（粒や粉状）	**bath salt**
（オイル系）	**bath oil**

化粧水	lotion
乳液（顔用）	face cream, moisturizer
（身体用）	body cream
化粧落とし	face wash
（オイル系）	face wash oil
（泡状）	face wash foam
生理用ナプキン	sanitary pad
靴べら	shoe horn
文具	
封筒	envelope
便箋	letter pad
メモ	memo pad
リネン	
枕	pillow
枕カバー	pillow case
バスローブ	bath robe
寝巻（上下でパンツスタイル）	pajamas［パジャーマス］
（ワンピーススタイル）	night wear
浴衣	yukata, cotton kimono
羽織	happy coat
掛け布団	duvet, comforter
敷布団	futon mattress
毛布	blanket
抗アレルギー掛け布団	allergy-free duvet
＊布団を敷く	lay out the futon
	prepare the futon
布団をあげる	fold up the futon（折りたたむ）
	put away the futon（片付ける）
携帯電話用充電器	mobile charger
携帯できる充電器	portable charger

29 お客様のリクエストとホテル側の対応

答えに加え、情報や気持ちに添うひと言を足すとよいでしょう。

65

お客様　ドライクリーニングを頼めますか。

Do you have a laundry service?

ホテル側　午前10時までにお預かりいたしましたものは、午後6時までに仕上がります。

Yes, if picked up before 10 AM, they'll be ready by 6 PM.

申し訳ございませんが、本日はランドリーは休ませていただいております。

I'm afraid we have no laundry service today.

お客様　製氷機は各階にありますか。

Is there an ice machine on every floor?

ホテル側　エレベーター近くの角に設置してございます。

Yes, it's in a corner space near the elevator hall.

ルームサービスで氷、グラスなどをご用意してございます。

No, please call the room service for ice or glasses.

お客様　エアコンが故障しているようですが。

It seems that the air conditioner is not working/out of order.

ホテル側　至急、係の者をうかがわせます。

We'll send someone to your room right away.

お客様　窓が開かないのですが。

I can't get the windows open.

ホテル側　お部屋の窓はすべて安全のため開かないようになっております。

I'm afraid all guest room windows are sealed for safety.

お客様　コップを割ってしまったので掃除してくれませんか。

I've broken a water glass. Could you clean it up for me?

ホテル側　客室係がすぐうかがいます。

We'll send someone from Housekeeping right away.

お客様　部屋にスマホを忘れたんですが。

I've left my mobile in the room.

ホテル側　すでに清掃ずみでございますが、もう一度お調べいたします。

We've already made up the room, but we'll check it again.

見つかりましたが、お受け取りに来られますか。それともお送りいたしましょうか。

We've found it. Would you like to come and pick it up or shall we send it to you?

30 緊急時の対応

重要な語を確実に伝えるため第1アクセントに注意しましょう。

66

緊急時

- 落ちついてください。

  Please stay calm.

  Please don't panic.

- 道をあけてください。

  Please make way.

- ホテルからの指示にしたがってください。

  Please follow the emergency instructions from hotel personnel/staff.

- こちらからご案内するまで、お部屋を出ないでください。

  Please stay in the room until there are instructions from us.

- エレベーターは使わないでください。

  Please do not use the elevator.

- エレベーターにお乗りの方は、ただちにお降りください。

  If you are in the elevator, please get out immediately.

- ここを出なくてはいけません。

  We must leave here.

地震

- 地震が発生いたしました。

  There has been an earthquake.

  a small earthquake. (弱い地震)

  a strong earthquake. (強い地震)

- 落下物から頭を守ってください。

  Please protect your head from falling objects.

- 机の下にかくれてください。

  Please position yourself under a table.

- 火災になりませんよう、おたばこは消してください。

  Please put out your cigarette to avoid causing fire.

- 窓ガラスは危険でございますので離れてください。

  Window glass is dangerous. Please stay away from the windows.

- 窓ガラスが落ちてくる恐れがありますので、むやみに外に出ることは危険でございます。

  Rushing outside is dangerous as the window glass may fall on you.

- 避難しなくてはいけません。ついてきてください。

  We must evacuate. Please follow me.

火災

- 6階（キッチン）で、火災が発生しました。

  There has been a fire on the 6th floor.

  in the kitchen.

- 非常口から外に出てください。

  Please use the emergency exits to go outside.

- 非常階段で地上までお降りください。

  Please use the emergency staircases to the ground floor/level.

- ぬれたタオルで、口と鼻をおおってください。

  Please cover your mouth and nose with a wet towel.

- お部屋を出るときはドアをお閉めください。

  Please close the door when you leave your room.

- 火は完全に消えました。お部屋にお戻りください。

  The fire is completely out now. Please feel free to go back to your room.
- 火災はおさまりましたが、ご案内するまで今しばらくこちらでお待ちください。

  The fire is under control, but please stay here until we make an announcement again.

警察

- 警察を呼びましょうか。

  Shall I call the police?
- もうすぐ警察がまいります。

  The police will be here in a minute.
- すべて手配してございますので、ご安心ください。

  Please don't worry. Everything is taken care of.
- お部屋からバッグが盗まれたということですか。

  Did you say someone stole your purse from your room?

  purse　[米] 女性のハンドバッグ
　　　　[英] 財布

  wallet　男性の財布
- だれかが部屋に侵入したのですか。

  Did someone break into your room?

医師・病院

- お医者様をお呼びいたしましょうか。

  Shall I call a doctor to come?
- 体温計をお持ちいたしましょうか。

  Shall I bring you a thermometer?

── 現場から ──

山口 真緒氏 （Genji Kyoto 総支配人）

大学卒業後、海外のホテル勤務から始まり、ホテルホスピタリティー業務に14年ほど従事しております。最初は、たくさんの失敗をしましたが、それらから学ぶことが大変多く、今となっては貴重な体験でした。

ホテルではさまざまな国からのお客様と英語で会話します。もちろん各国のアクセントやなまりのある英語にも慣れてきますが、毎日ネイティブの英語を聞いているスタッフは、驚くほどのスピードで上達していくことがわかります。例えば“Can I have...”という表現も、［キャン・アイ・ハブ］ではなく、［キャナイハブ…］と言えるようになってきます。短い文章で覚えていくのがコツだと思います。またわからない言葉はすぐに調べて、同じ言葉を何度も何度も繰り返して口に出し、自分の耳で覚えてもらいます。

実際にはうまく文章にできなくても単語やフレーズで表現し、めげない心で伝えようとする気持ちを見せてください。伝わることが最も重要です。

私は自分が楽しく仕事をしていないとお客様にも楽しんでいただけないと思っています。仲間にも優しくできてこそ、チームワークが整い、お客様を笑顔でお迎えできるのだと思います。ときには鏡を見て自分がどんな表情をして話しているのか確認しましょう。

日本にいながらにして、これほどいろいろな国の方と出会い、その国の文化を知り、楽しく勉強できる環境は、ホテルの現場のほかにはないと感じています。英語の勉強も、最後はハートを込めることで完成されると思います。

■著者プロフィール
伊集院 幸子（イジュウイン コウコ）
通訳案内士、株式会社KOKO代表。ホテルのコンシェルジュマネージャーを経て、通訳ガイドとして、幅広い国籍・職業の方に日本の伝統と真の魅力を紹介している。タイ、台湾、オーストラリア、アメリカで育ち、ドイツでの生活を通して国際的バランス感覚を身につける。KDD、ユナイテッド航空で接客業を学び、ビジネス・接客英会話講師を経験、現在は通訳ガイドの育成にも取り組む。著書に『プロが教える現場の英語通訳ガイドスキル』（共著、三修社）。

■イラスト：サトウコウタ
■ナレーション：Karen Haedrich、Jack Merluzzi
■録音：ELEC 録音スタジオ

●音声ダウンロード・ストリーミング
1. PC・スマートフォンで本書の音声ページにアクセスします。
https://www.sanshusha.co.jp/np/onsei/isbn/9784384061208/
2. シリアルコード「06120」を入力。
3. 音声ダウンロード・ストリーミングをご利用いただけます。

改訂新版《かいていしんぱん》 ホテルの英会《えいかい》話《わ》ハンドブック

2024 年 6 月 10 日　第 1 刷発行

著　者　伊集院幸子
発行者　前田俊秀
発行所　株式会社 三修社
〒 150-0001　東京都渋谷区神宮前 2-2-22
TEL03-3405-4511
FAX03-3405-4522
https://www.sanshusha.co.jp
振替 00190-9-72758
編集担当　安田美佳子
印刷・製本 壮光舎印刷株式会社

ISBN978-4-384-06120-8 C2082

カバー・本文デザイン：株式会社エヌ・オフィス